乡村振兴战略背景下
小城镇发展建设

刘 悦　周 琳　陈安华　王瑞琪　编著

中国建筑工业出版社

图书在版编目（CIP）数据

乡村振兴战略背景下小城镇发展建设 / 刘悦等编著
. —北京：中国建筑工业出版社，2022.7
ISBN 978-7-112-27568-7

Ⅰ.①乡… Ⅱ.①刘… Ⅲ.①小城镇—城市建设—研
究—中国 Ⅳ.①F299.21

中国版本图书馆 CIP 数据核字（2022）第 111447 号

责任编辑：宋　凯　张智芊
责任校对：张　颖

乡村振兴战略背景下小城镇发展建设
刘 悦　周 琳　陈安华　王瑞琪　编著

*

中国建筑工业出版社出版、发行（北京海淀三里河路 9 号）
各地新华书店、建筑书店经销
华之逸品书装设计制版
北京建筑工业印刷厂印刷

*

开本：787 毫米×1092 毫米　1/16　印张：14¼　字数：224 千字
2022 年 8 月第一版　　2022 年 8 月第一次印刷
定价：48.00 元
ISBN 978-7-112-27568-7
（39659）

前　言

党的十九大报告提出实施乡村振兴战略。把解决好"三农"问题作为全党工作的重中之重，并提出"产业兴旺、生态宜居、乡风文明、治理有效、生活富裕"的总要求。其中产业兴旺是根本，生态宜居是基础，乡风文明是关键，治理有效是保障，生活富裕是目标。五个方面共同统一于农业农村现代化建设进程中。实施乡村振兴战略是解决"三农"问题、全面激活农村发展新活力的重大行动。

小城镇作为城乡体系的重要构成，是"承上启下"落实新型城镇化和乡村振兴两大战略，促进城乡融合发展不可或缺的部分。向上承接城市产业、信息、技术的转移和溢出，向下作为乡村地域政治、经济、文化中心承载公共服务，在推动就地城镇化、促进城乡融合发展、实现农业农村现代化等方面，具有不可替代的地位和作用。

面对新阶段、新格局、新要求，在国内诸多省市的小城镇发展建设实践中，逐步打破"乡村产业就是农业"的认识局限，改变"农业的功能就是提高农产品"的传统思维，转向重点解决土地资源受限、农民收入增长困难和农村人才流失等突出问题。通过一二三产业融合发展，加速推进要素集聚，为小城镇产业转型和高质量发展提供新动能，逐步形成了小城镇特色化、差异化和区域协同化发展的新模式、新路径。

本书在住房和城乡建设部科技计划项目《乡村振兴战略背景下小城镇发展建设研究》课题研究的基础上，全面梳理了乡村振兴战略的内涵、既有的理论基础，阐述乡村振兴战略背景下小城镇的基础性作用和战略地位，深入总结小城镇的发展历程、建设成就，研判了未来的趋势变化，对小城镇发展建设的问题进行总结和原因分析，以长期实际跟踪服务的小城镇为实例进行研究，总结出试点示范与综合型小城镇、产业融合与农业型小城镇、绿色发展与生态型小城镇、资源再生与旅游型小城镇等模式经验，提出新时期小城镇发展建设的政策建议，以及具有参考借鉴意义的国外典型模式和案例。

全书由全国市长研修学院（住房和城乡建设部干部学院）、浙江省建科建筑设计院有限公司、杭州曼嘉建筑景观设计有限公司共同编写完成。具体章节方面：江琴、宋为参与第一章、第五章编写，孙启斌、郑志勇参与第二章、第三章编写，董科超、赵建、杨忠强、许优阳、胡耀翔、阮恒凯、叶莹莹、杜铭杰、金桦、项浩、滕星怡参与第四章编写，张歆、黄颖彬、周洁参与附录编写。

该书的出版得到了中国建筑工业出版社的大力支持，特别感谢宋凯、张智芊的辛勤编辑。同时，该书的出版也离不开洛舍镇、海虞镇、陈庄镇、洙边镇、胡陈乡、石梁镇、白狼镇、武夷山镇、海阳所镇、姚关镇等城（乡）镇，及其所在县市城乡建设和规划管理部门、项目合作单位的大力支持，在此一并致谢。希望此书的出版，能够为新时期的小城镇建设工作做出贡献。由于编写人员水平有限，涉及的命题宏大、内容庞杂，尚有很多不足之处，恳请读者指正。

目 录

第一章 | **研究背景**

第一节　小城镇概念界定

小城镇概念可以从狭义和广义两种方式理解。广义的小城镇包括了20万人口以下的未设市的大城镇、国家批准的建制镇、尚未设镇建制的乡政府所在地的集镇（乡集镇）和纯属集市贸易的集镇。狭义的小城镇包括县城以下建制镇和集镇。

小城镇的建立、发展和完善受政策制度、社会经济、历史文化、交通条件以及生态环境等各种因素综合影响制约。根据其社会功能性进行划分，主要有卫星镇、矿山镇、工业镇、交通镇、商业镇、文化镇、旅游镇、军事镇、边境镇、海岛镇、口岸镇、综合镇等。

小城镇的特点：一是小城镇是城市和乡村之间的过渡地带，是城乡内各类要素聚集和流动的重要载体；二是小城镇在乡村经济社会中起重要作用，是乡村经济社会发展的中心；三是小城镇是构成城镇体系不可缺少的重要组成部分。

第二节　乡村振兴战略的提出

一、乡村振兴战略

"乡村振兴战略"是党的十九大报告中提出的重大国家战略，农业农村农民问题是关系国计民生的根本性问题，是全党工作的重中之重。坚持农业农村优先发展，按照产业兴旺、生态宜居、乡风文明、治理有效、生活富裕的总要求，建立健全城乡融合发展的体制机制和政策体系，加快推进农业农村现代化。中共中央、国务院先后发布了《中共中央　国务院关于实施乡村振兴战略的意见》《乡村振兴战略规划（2018—2022年）》《中共中央　国务院关于全面推进乡村振兴加快农业农村现代化的意见》《中共中央　国务院关于实现巩固拓展脱贫攻坚成果同乡村振兴有效衔接的意见》《中华人民共和国乡村振兴促进法》等文件，涵盖乡村振兴战略的目标、要求、路径、任务等方方面面，全面推进实施乡村振兴，奔向新生活、新奋斗，实现中华民族伟大复兴。

中共中央 国务院在2017—2021年发布的关于乡村振兴战略的文件

实施乡村振兴战略是基于我国当前社会主要矛盾提出的，是关系全面建设社会主义现代化国家的全局性、历史性任务，是新时代"三农"工作总抓手。农业强不强、农村美不美、农民富不富，决定着全面小康社会的成色和社会主义现代化的质量，通过解决城乡发展的不平衡和农村发展的不充分问题，实现乡村产业振兴、人才振兴、文化振兴、生态振兴、组织振兴，推动农业全面升级、农村全面进步、农民全面发展。

"五大振兴"是乡村振兴战略的核心内容和主要抓手，与产业兴旺、生态宜居、乡风文明、治理有效、生活富裕的乡村振兴战略总要求一脉相承，各有侧重、相互作用。产业振兴是乡村振兴的物质基础，坚持质量兴农、绿色兴农，以农业供给侧结构性改革为主线，构建现代农业产业体系、生产体系、经营体系，促进农村第一、第二、第三产业深度融合，推进农业提高农业创新力、竞争力和全要素生产率，提高农业质量、效益和整体素质。人才振兴是乡村振兴的关键所在，造就一支懂农业、爱农村、爱农民的农村人才队伍，切实解决农村缺人手、少人才、留不住人等问题，让农村的机会吸引人，让农村的环境留住人。文化振兴是乡村振兴的重要基石。既要"富口袋"又要"富脑袋"，推动农耕文明与现代文明融合发展，大力挖掘乡村文化功能，提升乡村文化价值，增强乡村文化吸引力，培育文明乡风、良好家风、淳朴民风，不断提高乡村社会文明程度。生态振兴是乡村振兴的内在要求，良好的生态环境是农村拥有的最大优势和宝贵财富。把生态优先绿色发展作为根本导向，构建人与自然和谐共生的乡村发展新格局。组织振兴是乡村振兴的根本保障。夯实基层基础作为固本之策，通过基层党组织把广大农民群众凝聚起来，形成强大合力。建立健全党委领导、政府负责、社会协同、公众参与、法治保障的现代社会乡村治理体制，持续推动乡村社会充满活力、安定有序。

乡村振兴相关政策文件一览表

政策类型	发布日期	会议/政策文件
乡村振兴战略发展历程	2017年10月28日	十九大报告首提乡村振兴战略
	2017年12月22日	全国发展和改革工作会议提出科学制定国家乡村振兴战略规划
	2017年12月29日	中央农村经济工作会议首次提出走中国特色社会主义乡村振兴道路，指出乡村振兴战略要分"三步走"
	2018年1月2日	中央一号文件《中共中央　国务院关于实施乡村振兴战略的意见》
	2018年9月26日	《乡村振兴战略规划（2018—2022年）》
	2021年1月4日	《中共中央　国务院关于全面推进乡村振兴加快农业农村现代化的意见》
	2021年3月22日	《关于实现巩固拓展脱贫攻坚成果同乡村振兴有效衔接的意见》
	2021年4月29日	《中华人民共和国乡村振兴促进法》
乡村振兴产业方面的相关政策	2016年1月4日	《国务院办公厅关于推进农村一二三产业融合发展的指导意见》
	2018年1月11日	国农办1号文件《农业综合开发扶持农业优势特色产业规划（2019—2021年）》
	2018年2月2日	《2018年农产品质量安全工作要点》
	2018年9月27日	《贯彻落实实施乡村振兴战略的意见》
	2018年9月30日	《乡村振兴科技支撑行动实施方案》
	2018年10月12日	《促进乡村旅游发展提质升级行动方案（2018年—2020年）》
	2019年2月19日	中央1号文件《中共中央　国务院关于坚持农业农村优先发展做好"三农"工作的若干意见》
	2019年2月22日	《关于做好2019年农村工作的实施意见》
	2019年6月28日	《关于促进乡村产业振兴的指导意见》
	2019年11月21日	《关于切实加强高标准农田建设提升国家粮食安全保障能力的意见》
	2020年1月20日	《数字农业农村发展规划（2019—2025年）》
	2020年2月17日	《2020年乡村产业工作要点》的通知
	2020年5月8日	《2020年农业农村部网络安全和信息化工作要点》
	2020年10月29日	中共中央关于"十四五"规划的建议

续表

政策类型	发布日期	会议/政策文件
土地制度相关政策	2018 年 2 月 23 日	《关于全面实行永久基本农田特殊保护的通知》
	2018 年 3 月 3 日	《关于严格核定土地整治和高标准农田建设项目新增耕地的通知》
	2018 年 12 月 19 日	《关于开展土地经营权入股发展农业产业化经营试点的指导意见》
	2019 年 1 月 20 日	《关于开展土地经营权入股，发展农业产业化经营试点的指导意见》
	2019 年 11 月 27 日	《关于保持土地承包关系稳定并长久不变的意见》
	2020 年 9 月 23 日	《关于调整完善土地出让收入使用范围优先支持乡村振兴的意见》
乡村建设及生态环境治理相关政策	2018 年 2 月 13 日	《关于建立健全长江经济带生态补偿与保护长效机制的指导意见》
	2018 年 12 月 25 日	《关于实施乡村振兴战略加强农村河湖管理的通知》
	2019 年 1 月 3 日	《关于坚持农业农村优先发展，做好"三农"工作的若干意见》
	2019 年 4 月 15 日	《关于建立健全城乡融合发展机制体制和政策体系的意见》
	2019 年 6 月 23 日	《关于加强和改进乡村治理的指导意见》
	2019 年 10 月 19 日	《关于深化农村公共基础设施管护体制改革的指导意见》
	2020 年 11 月 10 日	《关于在农业农村基础设施建设领域积极推广以工代赈方式的意见》
金融服务、农产品安全及补贴相关政策	2017 年 6 月 6 日	《关于深入推进农业领域政府和社会资本合作的实施意见》
	2017 年 12 月 15 日	《2018—2020 年农机购置补贴实施指导意见》
	2018 年 2 月 5 日	《2018 年农产品质量安全工作要点》的通知
	2018 年 3 月 9 日	《关于组织推荐金融支持旅游扶贫重点项目的通知》
	2018 年 5 月 24 日	《关于推进农商互联助力乡村振兴的通知》
	2019 年 1 月 29 日	《关于金融服务乡村振兴的指导意见》
	2019 年 7 月 9 日	《关于 2019 年度金融支农创新试点政府购买服务有关事宜的通知》
	2000 年 12 月 15 日	财政部关于《农业综合开发财务管理办法》的通知
人才振兴相关政策	2019 年 3 月 20 日	《农业农村部 2019 年人才工作要点》
	2019 年 3 月 29 日	《乡村振兴人才培养专项选派办法》
	2021 年 2 月 23 日	《关于加快推进乡村人才振兴的意见》

二、乡村振兴战略与新型城镇化

2012年，党的十八大正式提出"新型城镇化"概念，与传统的"土地"城镇化相比，提出以人为核心，从关注城镇数量增加、规模扩大转向质量提高、内涵式发展，强调信息化、工业化、农业现代化和城镇化"四化"协同，人口、经济、资源和环境协调发展，大中小城市和小城镇协调发展，是具有中国特色的城镇化发展道路。

新型城镇化是解决"三农"问题的重要途径，与实施乡村振兴战略有机结合、同步推进。《国家新型城镇化规划（2014—2020年）》明确提出，为了推进城乡一体化发展，必须"优化城镇规模结构，增强中小城市辐射带动能力，加快发展中小城市，有重点发展小城镇，促进大中小城市和小城镇协调发展"。通过城乡公共服务均等化，提升农村居民的社会公共服务水平和社会保障水平，助力破解城乡二元结构。通过城镇化带动农村人口向城镇转移，同时发挥城镇在区域发展中对乡村的辐射带动作用，不以牺牲农业、生态环境为代价，持续强化农业的基础战略地位，以质量为导向，在保障粮食安全的基础上，实现农业现代化发展，深化农业供给侧改革，促进要素向乡村流动，增强乡村发展内生动力。

1. 乡村振兴战略和新型城镇化的内涵一致

实施乡村振兴战略，是解决人民日益增长的美好生活需要和发展不平衡不充分的矛盾的必然要求；是实现"两个一百年"奋斗目标和全体人民共同富裕的必然要求。新型城镇化在本质上是非农产业在城镇集聚、农村人口向城镇集中的自然历史过程，与工业化、信息化和农业现代化同步发展，是我国现代化建设的核心内容。农业现代化是乡村振兴的核心任务，而新型城镇化提供重要的发展载体和平台，随着农村人口逐步向城镇转移，可以破解农村人口过多、农业水土资源紧缺、土地规模经营较小、生产方式传统等根源性问题，有效促进农业生产规模化和机械化，提高农业现代化水平和农民生活水平，从而实现产业结构、就业方式、人居环境、社会保障等一系列由"乡"到"城"的转变，是解决城乡二元结构矛盾的有效途径。

2.乡村振兴战略和新型城镇化的目的一致

乡村振兴战略的提出分三步,从现代农业体系初步构建、农业绿色发展全面推进、农村一二三产业融合发展格局初步形成到农业农村现代化基本实现,从农民收入水平的提高、巩固脱贫攻坚成果到农业结构的根本性改善、农民就业质量显著提高,逐步实现共同富裕。从改善农村基础设施条件、农村人居环境,建设生态宜居的美丽乡村,建立城乡统一的社会保障制度体系,逐步实现城乡基本公共服务均等化,构建城乡融合发展体制机制等,至2050年实现农业强、农村美、农民富的乡村全面振兴。新型城镇化的主要目标则包括城镇化水平和质量稳步提升、城镇化格局更加优化、城市发展模式科学合理、城市生活和谐宜人和城镇化体制机制不断完善。重点要解决人口城市化的问题,通过城镇和产业的融合发展,逐步使符合条件的农业转移人口落户城镇,享受高质量的公共服务,不断完善城乡体制机制,通过户籍管理、土地管理、社会保障、财税金融、行政管理、生态环境等制度改革,消除城乡差距,从根本上解决城乡发展不均和农村发展不充分问题。

3.乡村振兴战略和新型城镇化的原则一致

乡村振兴战略是全党工作的重中之重,坚持农业农村优先发展,强调发展方式的转变,践行绿水青山就是金山银山的理念,统筹山水林田湖草系统治理,严守生态保护红线,以绿色发展为引领。新型城镇化要求把生态文明理念全面融入城镇化进程,推进绿色发展、循环发展、低碳发展,节约集约利用土地、水、能源等资源,强化环境保护和生态修复,减少对自然的干扰和损害,推动形成绿色低碳的生产生活方式和城市建设运营模式。两者都强调城乡一体化发展,为破除体制机制弊端,使市场在资源配置中起决定性作用,推动城乡要素自由流动、平等交换,推动新型工业化、信息化、城镇化、农业现代化同步发展,加快形成工农互促、城乡互补、全面融合、共同繁荣的新型城乡关系。

4.乡村振兴战略和新型城镇化的核心价值一致

乡村振兴战略坚持农民主体地位,充分尊重农民意愿,切实发挥农民在乡村振兴中的主体作用,保障农民财产权益,维护农民群众的根本利益,拓展农民增收渠道,全面改善生产生活条件,壮大集体经济,把促进农民共同富裕作为出发点和落脚点，不断提升农民的获得感、幸福感、安全感。新型城镇化的核心价值是以人为核心的城镇化，着力解决亿万农业转移人口难以融入城市社会以及市民化进程滞后问题，使其在教育、就业、医疗、养老、保障性住房等方面享受城镇居民的基本公共服务。在此基础上，不断提高人口素质，促进人的全面发展，使全体居民共享现代化建设成果。

5.乡村振兴战略和新型城镇化的制度供给一致

实施乡村振兴战略，通过巩固和完善农村基本经营制度，深化农村土地制度改革，深入推进农村集体产权制度改革和完善农业支持保护制度等，构建城乡融合发展体制机制和政策体系。重点围绕"人、地、钱"等要素供给，充分发挥市场在资源配置中的决定性作用，与政府政策"兜底"和基本公共服务保障功能有机结合，推进城乡要素自由流动、平等交换。新型城镇化通过统筹推进人口管理、土地管理、财税金融、城镇住房、行政管理、生态环境等重点领域和关键环节体制机制改革，引导和推动劳动力、土地、资本合理有序流动，完善要素市场化配置，加快提升全要素生产率，推动新型城镇化建设加快步伐向高质量发展。

三、乡村振兴战略与城乡融合发展

城乡融合发展是新时代解决"三农"问题的突破点，标志着城乡关系进入新的发展阶段，逐步实现共同富裕和人的全面自由发展。城乡发展失衡和城乡差距主要表现在农业农村发展的不充分，农业农村现代化严重滞后于城镇化和工业化。以缩小城乡发展差距为目标，协调推进乡村振兴和新型城镇化，以完善产权制度和要素市场化配置为重点，破除传统城乡二元结构下的体制机制弊端，构建城乡融合发展体制机制，加快农业农村现代化，促进城乡要素自由流动、平等交换和公共资源合理配置，加快形成工农互促、城乡互补、协调发展、共同繁荣的新型城乡关系，促进农业高质高效、乡村宜居宜业、农民富裕富足，为全面建设社会主义现代化国家提供有力支撑。

1.城乡产业融合发展是根本

实施乡村振兴战略为农业现代化发展带来了前所未有的政策机遇，但是农业现代化、信息化、新型工业化和城镇化"四化"同步发展也带来了新要求。2021年，中央一号文件——《中共中央 国务院关于全面推进乡村振兴加快农业农村现代化的意见》，强化统筹谋划和顶层设计，统筹县域产业布局，政府引导、扶持和市场力量有机结合，深入调整和优化城乡产业结构，推进"农村一二三产业融合发展"，积极发展新产业、新业态。立足产业振兴，以农民增收为目标，延伸农业产业链，提高各环节的竞争力、附加值；重点解决传统种养业农业生产、农产品初级粗加工、流通方式低效落后、产加销各环节利益分配不均衡等问题；积极培育农业产业化龙头企业。在稳定家庭承包经营的基础上，规范农地产权，建立和完善"自愿、依法、有偿"的土地流转机制，培育发展家庭农场、合作社、龙头企业、社会化服务组织和农业产业化联合体，推进与农业产业化相适应的多种形式的适度规模经营，推进农户建立多元化的利益联结机制。

2.城乡要素双向流动是关键

目前，城乡要素流动主要为从农村流向城市，这也是城乡发展不平衡、不充分的主要表现之一，只有从根本上解决农村要素的短缺问题，坚持农业农村优先发展，在要素配置上优先满足，在资金投入上优先保障，在公共服务上优先安排，才能形成土地、劳动力、资金、人才等城乡要素的良性互动。在土地要素层面，构建统一的城乡土地要素市场，进一步落实农村承包地的三权分置制度，通过巩固和完善农村基本经营制度、深化农村土地制度改革、深入推进农村集体产权制度改革等，盘活农村土地资源要素。在人口要素层面，打破城乡二元户籍制度，推动城乡人口自由流动，为农业农村的发展吸引各类人才进行创新创业，鼓励热爱农村、志愿投身农村发展的城镇人口向农村流动，打造一支懂农业、爱农村、爱农民的"三农"队伍，通过城乡人力资源的优化配置，促进其他要素资源更多地向乡村流动。在资金要素层面，加快实施农村金融体制改革，加大农业农村优先发展的财政支持，充分发挥财政资金的带动作用，优化投入领域，建立金融机构激励约束机制，适度消除和降低农村金融市场的门槛限制和准入条件，吸引金融资本、社会资本流入乡村，为农村发展提供精准化、差异化的金融服务产品，以解决农村经济发展所需的大量资金投入问题。

3.城乡空间融合发展是基础

城乡格局与空间形态是城乡关系的空间反映，与新型城乡关系相对应的是"以城市群为主体构建大中小城市和小城镇协调发展"的城乡格局。县域是城乡融合发展的重要切入点，推进以人为核心的新型城镇化，以县城为重要载体的城镇化建设，强化城乡空间联系，优化城乡空间布局，提高对农村劳动力的吸纳承载力，引导农村居民就地转移就业。增强城镇地区对乡村的带动能力，与乡镇生活圈建设相结合，完善基础设施和公共服务，通过扩权强镇等方式，大力发展定位清晰、功能明确、品质高端的特色小镇，把小城镇建设成为服务农民的区域中心，以镇带村、以村促镇，实现镇村联动发展和就地就近城镇化。

4.深化城乡体制改革是保障

2019年5月5日，中共中央、国务院印发了《关于建立健全城乡融合发展体制机制和政策体系的意见》，城乡融合发展的体制机制和政策体系是乡村振兴和农业农村现代化的制度保障。通过深化城乡体制机制改革，打破城乡二元结构下体制性制度性差别，城乡土地、户籍的二元制度是城乡融合发展的最大障碍，结合农村土地的集体所有制、宅基地制度、农地承包经营权制度进行改革，积极探索宅基地有偿退出机制，不断建立健全农村集体土地入市制度。深化户籍制度改革，取消城乡二元的户籍制度，实行城乡统一的户籍管理，完善城市落户和健全农业转移人口市民化机制等配套政策，实现城镇基本公共服务常住人口全覆盖，保障农业转移人口在住房、医疗、教育、保险等方面与城镇居民享有同等权利。

第三节 小城镇的基础性作用和战略地位

小城镇处于城乡过渡地带，具有"半城半乡"的空间特征，是促进城乡融合发展、实施乡村振兴战略的重要抓手，具有承上启下的地位与作用，不可替代。

一、小城镇是连接城与乡的重要纽带

小城镇是连接城乡的关键节点，具有连城带乡的重要功能，作为乡村地域的经济、政治、文化和公共服务中心，是促进农业农村现代化的重要突破口。充分发挥小城镇对乡村的辐射引领作用，把小城镇及其乡村腹地作为一个整体，在人口流动、资源调控、产业调整、基础设施、绿色生态空间等方面提升小城镇发展质量，以产业融合发展为引领，挖掘资源禀赋优势，打通镇村资源要素的共通共融，补齐乡村发展滞后短板，以镇带村，以村促镇，实现镇村融合发展。

小城市是城市边缘地，又是农村现代化的先导区，向上承接城市的产业、信息、技术转移和溢出，延伸产业链形成小城镇产业集群，向下辐射带动乡村发展，衔接农业类产业生产和城乡市场，引导农民从事非农业生产，可以协调城乡分工，是缩小城乡差距、落实乡村振兴战略的重要途径。小城镇成为城乡信息交流、市场对接的共享平台，促进国内大循环的关键环节和重要支点，以小城镇为核心打造绿色食品、优质农产品的供给和流通体系，为城市提供源源不断的粮食、肉类等工业原料、农副产品及配套产品，同时为农村工业建设提供基础，加速城市消费品"下乡"。小城镇的产业发展不仅可以促进农业的规模化、专业化、产业化发展，延长农业产业链、增加农产品附加值和引领农民增收致富，还有利于促进产业、人口的集聚，有效转移农业现代化发展产生大量剩余劳动力，在各种资源要素的城乡双向流动中发挥纽带作用。

二、小城镇是乡村地域产业发展的引擎

小城镇可以深入农村腹地，为乡村地域产业发展提供资金、物流、技术等要素支持。在当前城市强而乡村弱的背景下，相关要素高度集中于城市，想要实现乡村地域的产业发展，就需要小城镇发挥乡村地域产业发展的引擎作用，提升资源要素转移和流动的效率。首先，小城镇作为乡村地域传统的经济中心，具有一定的产业经济发展基础。以小城镇为依托可以延伸现有产业的产业链，形成以小城镇为中心的乡村地域中小规模产业群组。其

次，小城镇在区位上一般处于乡村地域交通网络的交汇点，交通发展基础可以为乡村腹地搭建起高效的资源要素中转平台。此外，小城镇在行政上统筹了乡村地域的发展资源，以小城镇发展为依托可以集中力量快速提升乡村地域的经济发展水平，有利于乡村地域的产业形成规模效益、营造乡村特色。

小城镇是构建新型城乡关系的关键环节，小城镇和乡村区域是有机整体，互相依存，相互促进，依托农业现代化和一二三产业融合发展，促进小城镇经济结构调整，形成小城镇可持续发展新动力。在《全国乡村产业发展规划（2020—2025年）》中提出要发掘乡村功能价值，培育发展新动能，聚集资源要素，加快发展乡村产业，为农业农村现代化和乡村全面振兴奠定坚实基础。小城镇可以促进农村二三产业的发展，全产业链发展，打造一批"一村一品"示范村镇、农业产业强镇，乡镇企业能够大量吸纳农村剩余劳动力，缓解农村人多地少的矛盾，打造特色产业集群，实现乡村特色产业的拓展。由于农产品加工向产地下沉，所以在与销区对接的过程中，可以发挥小城镇的城乡纽带作用，乡村地区的农产品的初加工、精深加工和综合利用加工，与城镇产业园区的经济转型相结合，实现产业要素的跨界配置和优化组合。

三、小城镇是乡村地域就地城镇化的载体

小城镇作为城市之尾，因其区域中心地位和相对完善的功能设施，成为落实新型城镇化和乡村振兴战略的关键所在；是承接城市辐射，带动广大农村地区的人口向镇区、城镇产业园区转移，实现"就地城镇化"的重要载体。

小城镇推动城乡人口流动。以人的城镇化为核心，以基本公共服务均等化为关键，构建县城、小城镇和农村新型社区等空间载体，提升城镇人口集聚功能。以重点镇、示范镇、特色小镇为基础，培育一批镇区人口超过5万人的小城镇。合理编制农村社区发展布局和建设规模，培育一批人口在3000人以上的农村新型社区，成为农业转移人口就地就近市民化的重要载体。在中西部欠发达地区，人口规模较小的乡村地区，小城镇为乡村发展提供必要的基础设施和公共服务；而大规模的转移城镇化是城乡差距不断拉大的重要原因，农村人口就地城镇化可以改变欠发达地区人口严重流失的

现状。小城镇成为乡村地域人口实现非农就业和就地城镇化的重要载体。乡村地域的发展离不开人力资源的支撑，以小城镇为依托的就地城镇化可以改变乡村地域人口不断流失的现状，甚至促进人才回流。只有在一定规模常住人口的支撑下，乡村地域的经济建设、公共服务、社会文化才会得到长远发展。乡村地域留守儿童、空巢老人等社会问题也才能得到解决，最终以人为本地实现乡村社会振兴。通过发展小城镇大力推进农村城镇化，可以促进农村人口向城镇转移，解决大量农村人口的就业和生活问题，特别是大批不能外出务工人员的城镇化问题，同时可以避免农村人口向大中城市盲目流动，为当地乡镇发展提供必要的劳动力、注入新的活力，实现乡镇企业的第二次创业。发展小城镇还有利于农村资源的优化配置，也是从根本上消灭城乡差别的重要途径。2017年我国城镇化率为58.5%，以80%为界，未来仍然有大量农村人口需要转移至城镇，小城镇由于其天然的区位优势将成为农村人口就地城镇化的重要载体。

四、小城镇是乡村地域公共服务的中心

城乡公共服务差距较大是我国城镇化进程中的突出问题，在我国部分地区，农村基本公共服务的供给明显不足，甚至在个别农村地区还无法享受到城市居民能够享受到的基本公共服务，比如，看病难、看病贵、上学难等难题依旧存在城乡公共服务不均等，既有城市与乡村本身存在的客观差异，也有政策原因。从客观发展来看，公共服务设施的配置往往对人口规模具有一定的门槛要求，很多农村地区不能够建设城市的公共服务设施，例如较高级别的医院、中学、商场等。然而，中小城市和小城镇作为区域性的社会经济中心，对一定半径内的农村地区具有辐射作用，中小城市和小城镇通过规划建设文化、体育、商业、医疗等设施，可以有效地为乡村居民提供较高层次的现代公共服务体系，从而加快城乡基本公共服务均等化，为乡村振兴奠定基础。

乡村地区人口分散的特点给公共服务的有效供给增加了难度，必须以小城镇为中心和载体建构乡村地域公共服务体系。首先，社会性公共服务与乡村地域广大人民生活息息相关，而乡村地广人稀，基本公共服务需要分等级供给以提高效率，如村一级的诊所、幼儿园等小型服务设施无法满足全部

需求，需要以镇为载体提供小学、中学、医院等较高等级的公共服务。其次，乡村地区的产业振兴离不开政府和民间的资金支持，农村商业贷款等经济性公共服务的供给也需要以小城镇为载体，为乡村地区的中小企业发展提供助力。此外，乡村地域的商业性基本消费需求不容忽视，小城镇作为乡村地域商品和服务供给的中心，可以覆盖乡村地域内的消费需求，促进乡村地域基本服务业的发展。

小城镇对乡村提供的服务既是乡村振兴发展的推动力，也是小城镇完善自身发展的基础。要完成这种"双赢"式的服务，政策的制定就必须对乡村发展具有正外部性，使农民享受到发展的红利，包括提供就业机会和公共服务；要有助于实现农村三次产业的融合发展，拓宽农民的增收渠道，加强乡村人口的集聚和土地的集约利用，促进就地城镇化和农村现代化。

五、小城镇是乡村地域特色展示的窗口

实施乡村振兴战略，要求保护与传承历史文脉、乡土文化与乡村风貌的地域特色，小城镇是乡村地域特色展示的窗口，是践行"两山理念""望得见山、看得见水、记得住乡愁"的重要载体。乡村地区的地域特色是伴随着乡村的形成、发展和建设，在自然环境、经济生活、风俗传统、文化观念等要素的综合作用下不断演变，是历史的、动态的……但是当下的乡村特色正在逐步丧失，受"现代化"观念的影响，小城镇发展建设更向城市的建设、管理靠拢，传统的、地域的风貌和尺度逐步丧失，直接导致小城镇"千镇一面"，也直接反映出乡村的自然景观、人居环境、风貌巨变。乡村地域特色是融生态保护修复、自然景观、历史人文等于一体的，综合性的保护与特色再塑造过程，不仅是为了满足环境品质的提升和景观美化的要求，也是对乡村价值的再认识，旨在新的城乡关系下，避免以现代城市生活为主导的审美观、价值观对乡村的侵蚀，避免乡村风貌的"城市化"和"脸谱化"，保留并创新性地传承乡村传统特色，构建以和谐人地关系、乡土文化特色为核心，传统与现代并存，具有地域特色的高品质生产、生活、生态环境空间。

第四节　理论依据与相关研究

一、理论依据

理论依据主要有田园城市理论、可持续发展理论、人类聚居学理论、利益相关者理论和有机更新理论。下面将根据这五个理论对乡村振兴下的小城镇建设进行详细剖析与研究。

1.田园城市理论

田园城市是指为健康、生活以及产业而设计的城市，它的规模能足以提供丰富的社会生活，但不应超过这一程度；四周要有永久性农业地带围绕，城市的土地归公众所有，由委员会受托管理。基本点在于解决大城市的拥挤、卫生等问题。

霍华德于1898年发表了《明日：一条通向真正改革的和平道路》，1902年再次出版并更名为《明日的田园城市》一书。为了更好地宣传田园城市，他于1899年组织了田园城市协会；1903年成立"田园城市有限公司"，并筹措大量资金，在距离伦敦约56公里的地方建立了第一座田园城市——莱奇沃思；1920年又在距离伦敦约36公里的地方建起了第二座田园城市——韦林。霍华德认为，城市的无限膨胀是使城市环境逐渐恶化的主要因素，城市土地投机会引起城市灾难。因此他认为，对城市的无限膨胀要进行限制，城市统一机构要拥有土地的所有权，城市的"磁性"吸引着人口不断集中到城市内，要有意识地控制和转移城市的"磁性"，从而防止城市盲目扩张。

霍华德设想的田园城市是一个整体，兼具城市和乡村优点的理想城市。城乡关系是统一的，要求在社会经济、人文环境和自然环境上达到统一。城市规模要加以限制，减少人口密度，城市人口超过既定数量就新建另一个城市，城市四周围绕农业用地，农业用地是保留的绿化带，永远不得改用，每户居民可以就近得到新鲜的农产品供应，可以极为方便地接近乡村自然空间。田园城市的居民生活于此，工作于此。所有的土地归全体居民集体所有，使用土地必须缴付租金，城市的收入全部来自租金。在土地上进行建设、聚居而获得的增值仍归集体所有。每户居民通过城市规模的限制，可以距离自然环境更近。

田园城市的空间模式主要有六方面：一是限制建成区用地扩张，控制城市规模；二是城市系统是多个田园城市围绕一个核心城市；三是居住区之间用绿带或一些开敞的场地分隔开；四是居住、工作和基础设施要合理布局；五是各功能区之间有便利的交通联系；六是与自然景观接触方便。

2.可持续发展理论

可持续发展理论是指既满足当代人的需要，又不对后代人满足其需要的能力构成危害的发展，它的三大基本原则是公平性、持续性和共同性。可持续发展理论的最终目的是达到共同、协调、公平、高效、多维的发展。可持续发展理论首次正式被提出是在1987年日本东京发表的《我们共同的未来》中。之后可持续发展战略不断发展，成为全世界各国共同发展的目标。可持续发展要体现社会公平、可延续性以及协调共赢发展的共同目标。可持续发展理论对于促进社会经济和生态环境的统一以及人类与环境关系的健康稳定发展都有很强的指导意义，有利于提高人民对美好生活的向往，提高人民生活水平质量，创造和谐美好的生活环境。

第七次全国人口普查数据显示，2020年我国常住人口城镇化率达到63.89%，比2010年提高了14.21个百分点，与前一个10年提高13.46个百分点相比，常住人口城镇化率在近十年间提升速度有所加快。快速城镇化推进的同时，城镇人居环境受到很大的影响，环境持续恶化，城市病突出，小城镇也受到了很大的影响。我国城镇化面临诸多问题和挑战，城市空间无序开发、人口过度集聚，重经济发展、轻环境保护，重城市建设、轻管理服务，环境资源和公共服务的供给跟不上迅速膨胀的人口的需求。我国高度重视城镇的发展模式，十分注重城乡发展与生态环境的协调，更强调了落实可持续发展理念的重要性。传统城镇化的不可持续化，激发了新型城镇化的诞生，传统城镇经济、社会、环境发展的不协调，考虑生态环境只关注经济增长的方式已经严重制约了城镇的进一步发展提升。传统城镇化忽视环境问题，导致了环境问题日益严重。可持续发展理论是人居环境建设思想的根源，人居环境质量的提升要遵守可持续发展原则，二者的共同目的是一致的。2002年联合国人居署《可持续的城市化》报告中提出"可持续的城市化"的五维模型。这五维模型其实是"4+1"模型，即通过完善的制度建设来确保经济、社会、生态、形态各方面形成协调关系，从而实现可持续发展，这也是可持续发展要追求的最高目标。

3. 人类聚居学理论

人类聚居学是一门以包括乡村集镇、城市等在内的所有人类聚居为研究对象的科学，着重研究人与环境之间的相互关系，强调人类聚居作为一个整体，从政治、经济、社会、文化、技术等各个方面全面、系统、综合地加以研究。

希腊建筑师道萨迪亚斯在20世纪50年代创立了人类聚居学的理论，又称城市居住规划学、人类环境生态。人类聚居初期用来表示"居住"和"住宅"。随着思想的进一步加深，这个词的含义得到衍生。20世纪六七十年代，人类聚居学既作为一个学科或一种专业的名称，也用来指人类居住的整个系统。他认为，人类聚居学是指所有人类住所的形式，可以是自然的，也可以是人造的。人类聚居学从自然界、社会、人以及建筑物等多个方面出发，对人类赖以生存居住的环境进行综合研究。人类聚居学以聚居环境为研究对象，探索人类发展与生态环境之间的关系。其广泛应用于城乡建设规划与发展、城市更新、区域规划与经济社会发展、城镇管理等领域。

随着学科的不断进步与发展，我国著名建筑规划学家吴良镛院士取其精华，结合中国特色，立足实际，创立了符合中国国情和特色的人居环境科学理论。人居环境的核心是"人"，是为了协调建设与人类居住环境的和谐关系，人居环境是包括区域、城镇、建筑等要素集合的复杂庞大系统。对我国城乡建设与发展作出了巨大贡献。所以说，人类聚居学理论是人居环境科学理论的起源。

4. 利益相关者理论

利益相关者理论是指那些能影响企业目标的实现或被企业目标的实现所影响的个人或群体。利益相关者理论是从股东一词套用而来的概念。股东作为企业股份的持有者，对企业拥有所有者权益，因而企业的每一项活动都与股东利害相关。扩而言之，只要是与企业有利益关系，并对企业发生影响的个人或者团体，都是企业的利益相关者。利益相关者理论倡导利益共享、责任共担的社会公平观念，特别关注对利益博弈中处于弱势地位群体的利益表达与分享。在这个理论中，强调政府应有效地参与并协调各方利益，使地区的发展与当地居民的切实利益相结合，并满足外来投资者投资需求欲望。

作为利益相关者必须具备三个条件：一是该相关者是否具有对企业决策有影响的能力、地位以及手段；二是相关者是否在法律上和道义上拥有对企业索取的权利；三是相关者的需求是否能引起企业管理层的关注。

小城镇建设过程中的利益相关者理论要得到切实有效的运用，归根结底在于政府。政府要从公共行政向公共管理转变，突显服务职能，更多地去关注利益相关主体的诉求，以解决问题为出发点和归宿。小城镇的地方政府会更系统地考虑政府行为对各方利益的影响，更多的出发点是为了社会发展的长远利益和责任。

5.有机更新理论

吴良镛先生提出了"城市有机更新"的概念，即以改造的内容与要求为依据，在保持改造规模和程度适度的条件下，正确对待当前与未来的关系，改善城市规划水平，确保各城市发展相对协调化、均衡化以及完整化。有机更新理论更加强调生命体与自然的结合，强调整体的和谐，这是以人为本思想的体现。城镇的有机更新不仅强调新的技术手段和保护生态环境，顺从城镇本身的肌理。还要强调用发展的眼光去对待城镇的发展。吴良镛先生是在对北京菊儿胡同改造进行理论与实践研究的基础上提出的城市有机更新理论。他认为，城市本身是一个有机体，就像一个完整的人，旧城改造应该基于人的角度，做到以人为本。有机更新理论更关注原住民的实际需求，秉持着保护和创造共存的原则。城镇有机更新要遵循整体性、延续性、渐进性、适宜性、可持续性等原则，促进多种效益的取得。

有机更新的主体不管是城市或是城镇、乡村，当以此理论作为指导时，都要立足于更新主体内在特征，不能违背其发展规律。随着城镇的改造逐渐得到重视，进一步深化加强的同时，城镇居民的生活方式也发生了很多变化，如何在更新的时候保护既有文化，在保护的同时使城镇得到最佳的更新是一个值得思考的问题。首先要尽量维护老城原有的地域特征与肌理，延续传统文化与历史文化脉络；再次在保护的基础上去融入现代化元素，使城镇被注入必需的新的功能，以增强城镇的活力。有机更新理论强调循序渐进地改造，强调以动态的、发展的眼光对待改造，该理论对乡镇建筑、文化、环境等方面的改造都有指导作用，有助于指引乡镇新型城镇化的发展方向。

二、国外的相关研究

在小城镇建设方面，国外的研究起步比较早，且大部分是在实践经验的基础上得到的理论研究，发展历程也相对较长，可以说是在小城镇漫长的历史发展过程中逐渐形成一定规模的研究体系，并得到很多具有划时代意义的理论研究结果，对小城镇的研究具有很强的指导意义和历史价值。

1.小城镇原始形态的产生

（1）霍华德19世纪末提出的田园城市理论是国外研究最早的代表，田园城市形成一种要求人口小于3万、公共服务实施和基础设施配备完善、农业区环绕城市与乡村的居住模式。他提出"城乡磁体"，即让城市和乡村的生活可以像磁体一样相互吸引，有机结合，最终可以兼具城乡的美好生活。在田园城市理论中也对此有详细讲述。

（2）刘易斯·芒福德出版的《*The Story of Utopias*》，北京大学出版社译本为《乌托邦的故事：半部人类史》中第一次勾勒了"现代世界的区域重建"思想，提出"区域城市"的理念，旨在区域中建立一种包含地理、经济和文化要素的综合体，并与城市有着密切的联系，为小城镇的建设提供了很多宝贵的经验。

（3）美国经济学家约翰逊提出，要在乡村与城市之间建立联系并形成一定的空间，即小城镇，就要在这里进行农产品加工等来服务于当地的劳动密集型工业，同时对相关配套设施进一步完善。美国建筑大师赖特提出的"广亩城市"，提倡将商业、工业、居住及农学等依据公路干线的布局来设置，每户住宅在外面都有一英亩的农业用地，这种建设模式展现了将乡村生活与城市生活相融合的想法，形成乡村风貌特色的城市，其建设思想对当今美国的城镇建设发展仍有深远的影响。

2.小城镇建设中人的重要性

（1）Robert Madrigal 从社会学的角度对小城镇进行了分析，强调尊重民众的意愿和鼓励公众参与的重要性，在小城镇的开发建设中应不断加强民众和政府之间的沟通，从而达到共同的目的，创造更适宜居住的环境。

（2）Team提出场所—文脉理论，他指出，城市特色塑造需要以对人和社会的关怀为出发点，更多地关注人与环境的关系，提倡"人＋自然＋人对自然的观念"的生态价值观。他认为，城市是有机生成的，不是人为建成。

3.小城镇建设中的文化传承

（1）Clare Munphy通过对英国后工业化时代转型中的小城镇进行研究后，从文化切入，提出在小城镇建设中要更重视文化传承与保护，以文化为基石，注入时代的活力，通过文化重塑和相应的衍生品实现经济的升级转型。

（2）伦佐·皮亚诺认为，城市公共空间不仅是市民活动的场所，更是彰显城市文化的载体，其场所精神的营造加强了市民的归属感。

4.小城镇建设发展

（1）Melanie Kay Smith在通过对英国部分小城镇研究后发现，一些没落的小城镇为达到复兴的目的，普遍采用多元复合的发展思路，将旅游度假、特色文化和市场等相结合，吸引社会资本的投资，给小城镇的复兴提供强有力的支撑。

（2）索里亚·马塔提出"把城市乡村化，把乡村城市化"的想法，以交通性为主导因素让城镇文明和乡村自然融合渗透，最终形成带状城镇布局。

（3）Fields认为，城镇是城市的重要组成部分，在城市的经济交往中会承接不同的经济实体，由于经济实体间的竞争优势有很大差异，也导致了城镇间的发展差异，而专业化分工对于城镇竞争优势有很大作用，专业化程度较高的城镇在吸引资金、劳动力、知识技术等生产要素聚集方面都更加具有优势。哈佛大学经济学家吉利斯和波金斯等人认为，要解决城镇基础设施和公共服务设施建设成本过高以及政府投资不平衡导致的农村环境恶化的问题，就要在农村地区发展小城镇。

5.小城镇景观建设

（1）伊恩·汤普孙通过对大量景观设计的审美标准进行调查，提出"美学、社会和环境是景观的三个主导要素"。强调应在技术的支持下，整合三个要素进行设计。

（2）Matthias burg、Anna M. Hersperger 和 Nina Schneeberger 对景观变化的驱动力进行了研究，指出"时间、空间、社会作用和土地利用是景观演变的主要要素"，从驱动力的角度对时间、空间、社会以及自然相结合的景观风貌进行研究，指出其所起到的推动作用。日本建筑师芦原义信研究了小尺度的城市外部空间，从行人心理、空间尺度和审美价值等多个方面探讨街道设计的美学，从微观层次提出了外部空间的设计手法，对城市外部空间和景观风貌特色建设具有重要的借鉴价值。

6. 小城镇人口迁移

（1）Mabogunje（马卜贡杰）提出推拉机制理论。他认为，人口由农村迁移流动到城镇的原因是因为农村推力和城镇拉力造成的。其中，农村推力是指随着农业机械化水平不断提高以及传统农业的衰退，导致小城镇产生大量的剩余劳动力，使剩余劳动力迫于生计进入城市谋求工作岗位；城市拉力是指城镇生活生产方式对农村人口的吸引，工业化发展对劳动力的大量需求也形成了拉力作用。

（2）美国社会学家万斯提出城市区域核理论。他认为，城市居民会降低对城市辖区的使用，除非有特殊需要；城市居民更需要在一个能够有效地发挥自己作用的城市空间内生活和工作。城市居民将迁居郊区，郊区会形成"独立核"，对城市的依赖会减弱甚至断绝，替代城市中心区的城市功能，形成以就业为核心的一体化生活模式。

（3）Tveitdal 通过研究发展中国家乡村地区人口向城镇迁移发现，农村人口乡镇流动的主要原因是城镇有更加专业化的生产生活模式。他指出，小城镇在发展过程中要建立优势特色，从而获得更强的区域竞争优势。

7. 小城镇理论实践活动的应用

（1）英国政府在1946年颁布了《新城法案》，于1965年和1981年进行了两次修订。《新城法案》深受田园城市的影响，规定通过开发新镇来疏解伦敦、利物浦等大城市的人口，解决城市中长期积累的城市病，如城市发展过度、农村落后等问题。

（2）德国政府为了更好地保障小城镇依法依规建设，先后颁布了《德意志城镇建设促进法》《关于保护历史小镇的法律》《关于城镇旅游发展规划的法律》等，并多次修订。

（3）日本在1973年开始实行《村镇综合建设示范工程》，各地区开始举办类型多样的地域振兴活动，19世纪80年代初发起了"一村一品"运动，倡导各地充分挖掘地方特色，包括名胜遗迹、历史文化、农业产品、传统手工艺等，在此基础上发展当地经济，形成一系列特色产业和衍生产品，避免产品同质化，发展了农业，带动了旅游发展，使经济得到可持续发展。

（4）美国在20世纪60年代开展了"示范城市"实验计划，通过对区位优势和地方特色分析，在大城市周边建设了多元化的小城镇，形成聚集的城镇群，在城镇内培育完整的农产品加工链，之后开始向工业化发展，形成专业化分工，分流城市人口的同时，促进了小城镇的分化发展。

三、我国的相关研究

我国小城镇的发展研究可以追溯到1945年10月梁思成教授在重庆《大公报》上发表的"市镇的体系秩序"的文章，文中提到"我们国家正将由农业国家开始踏上工业化大道，在今后数十年间，许多的市镇农村恐怕要经历前所未有的突然发育，这种发育，若能预先计划，善于辅导，使市镇发展为有秩序的组织体，则市镇健全，居民安乐，否则一旦错误，百年难改，居民将受其害无穷"。新中国成立后，国内小城镇相关理论研究相对较少，著名社会学家费孝通先生对小城镇进行了开创性研究。小城镇的研究得到新的发展，达到新的高度是从20世纪80年代开始的，也是以费孝通先生为代表的社会学者开始这方面的研究，并且先后形成了我国小城镇研究的数次高潮。近年来，我国小城镇研究的进展可以分为以下五个领域。

1.小城镇发展意义的研究

20世纪80年代以来，我国一些学者对小城镇的发展意义做了很多研究，肯定了小城镇建设对于我国城镇化发展的重要意义，并给予了高度评价。其中主要观点有："三农问题"专家温铁军认为，有效地解决"三农问题"是发展小城镇的目的；城镇化非常重要，但不是最终目的。农村要将小城镇建设作为城镇化的手段来解决农村经济可持续发展面临的资源的、制度的环境制约。很多发展中国家因为城镇化发展产生了农村衰败和农民破产的困窘，我国小城镇建设为避免这一现象发生，提出了"小城镇，大战略"的方式。由于我国人口众多，平均资源严重短缺的国情制约，采取的小城镇建设方式主要是逐步调整产业结构、就业结构和城乡关系，同时合理解决"三农问题"。徐崇敬等认为，发展小城镇对于促进城乡一体化有很大作用，可以有效地增加农产品需求量，需求得以有效解决，提高城乡地区整体经济效益，持续保持经济增长。朱建芬和朱翔认为，发展小城镇是解决"三农问题"最根本、最有效的途径之一，同时是农村经济和社会全面发展的大战略。朱选功认为，小城镇的发展在我国的城镇化进程中将会对农村的经济、社会发展起着持续的主导作用。冯海发、王萍和汤新辉认为，发展小城镇对农村的产业结构调整和乡镇工业发展作用十分巨大，可以有效地统筹城乡经济社会发展，是我国城镇化和全面建设小康社会的必然选择。但是一些学者对于发展小城镇的战略意义持相反观点。张正河认为，小城镇在中国城镇化进程中的弊端要大于益处，尤其是从长远和全局来看更是如此。虽然小城镇对于中国农村脱贫和致富作用巨大，但是发展小城镇不是中国城镇化进程的唯一道路。史育龙与张正河观点比较相近，他认为，小城镇建设在全国城镇体系大系统中只是我国城镇化战略的一个方面，只是对于农村经济发展是一个大战略。

2.小城镇发展模式的研究

费孝通曾提出"模式"是指"在一定地区、一定历史条件下，具有特色的经济发展过程"，他总结了三种不同的传统模式：一是"苏南模式"，即通过靠近大中城市，具有很强的区位优势，从而使集体经济组织兴办乡镇企业得以大力发展；二是"珠三角模式"，即因具备靠近香港的地理区位优势，通过发展外向型经济推动临近地区小城镇的发展；三是"温州模式"，即主要是以家庭和企业为主要发展形式的私营经济通过经济的发展积累，获得小城镇建设资金。其他的学者也根据各自所学领域，提出很多具有特色的模式。其中，比较有名的包括"孙耕模式"，即山东省济阳县孙耿镇邻村换地、集零为整的集地开发模式；"诸唐模式"，即将企业分散兴办的开发模式；"侨乡模式"，即由侨胞兴办和投资企业，并且成片地开发工业园区的开发模式;"晋江模式",即采取集资经营和股份制经营为主的开发模式。

3.小城镇规划的研究

小城镇是我国城市和乡村的纽带,如何在城镇更新、提质增效、减量发展等条件下做好相应的规划工作,提高小城镇发展至关重要。小城镇规划在整个规划体系中起到承上启下的作用,"多规合一"的乡镇规划,是统筹城乡协调发展的底层蓝图、落实空间保护利用要求的平台,是指导空间重构、生态重塑的基础,是推进治理精细化、现代化的依据。小城镇的发展和建设,首先要从规划入手,要将长期规划和近期规划结合,科学有效地把握规划节点,把城镇建设规划、土地规划与当地国民经济和社会发展规划结合起来。小城镇规划的根本在于对规划的全面实现,才能将规划对小城镇发展的作用体现出来。应当充分发挥规划的龙头作用,优化小城镇布局,合理布置生产生活等服务设施。小城镇的建设形势较好,但仍存在很多问题,规划作为贯穿始终的核心内容,必须得到最大程度的重视。

4.小城镇在城镇化中地位的研究

小城镇在城镇化中的地位因城镇化发展道路的分歧也存在诸多争议。这些争议主要有三个方面:优先发展大城市;优先发展小城镇;大中城市和小城镇协调发展。其中,认为应当优先发展大城市的专家认为,大城市所具有的规模效应和经济效益是城镇化发展的前提,大城市具有国际影响力,能够有效地参与国际竞争,并提供更多的就业机会,这些优势可以快速地促进城镇化进程。认为优先发展小城镇的专家则认为,小城镇的城镇化成本较低,投入较少,且作为承上启下的纽带作用,更有利于城乡统筹发展,符合城镇化发展规律,城镇化将有条不紊地发展下去。而认为大中城市和小城镇协调发展的专家则是充分结合了大城市的优势和小城镇的优势,同时党的十九大报告中指出"以城市群为主体构建大中小城市和小城镇协调发展的城镇格局",为小城镇在城镇化中的地位指明了方向。

5.小城镇建设中存在问题的研究

小城镇发展建设中存在的问题也是专家比较重视的一个内容,进行过多轮的研究和验证,其中被广泛认可的主要有:一是牵头机构相对较多,部分标准不能够完全统一，制约了小城镇的发展；二是小城镇专项政策体系尚未形成，行政管理体制落后，组织机构不完善；三是小城镇布局不合理，缺乏科学合理的规划编制；四是小城镇财政金融体制不健全，建设资金匮乏；五是小城镇就业、养老、医疗、教育、文化等公共服务设施和保障制度明显落后，对小城镇的发展产生制约；六是小城镇的传统文化与遗产保护力度不够，没有得到很好的传承。

四、国内外理论研究对比

通过对国内外相关理论的总结和研究发现，国外小城镇研究相对较早，提出了很多较有影响的理论，不仅对小城镇的产生有深刻的影响，同时对小城镇的发展也进行了很多的研究，并且因为国外的城镇化发展进程与我国的差别较大，已出现一些逆城市化现象，所以在研究中对人口迁移的研究也比较多，对小城镇的建设有很强的指导意义。根据时代的变迁理论，研究也在不断更新迭代，以适应最新的发展形势。我国对小城镇的研究相对较晚，主要在近几年才得到较大的关注，并通过一系列政策性文件得到进一步提升强化。我国的小城镇的研究主要是解决当前我国小城镇发展中存在的一些问题，以及小城镇经济发展的适用方式，并且借鉴了国内外很多小城镇建设较好的地区的经验。国内小城镇的理论研究成果多集中在规划建设方面、产业培育方面、发展模式方面等，具有较强的地域特色，对我国小城镇发展具有很强的指导意义。

第二章 小城镇的发展历程、建设成就和趋势变化

◎ 小城镇发展历程

◎ 小城镇建设成就

◎ 小城镇趋势变化

在乡村振兴战略背景下，小城镇是推进新型城镇化和解决"三农问题"的重要载体，是促进城乡融合发展的关键。自改革开放以来，伴随着城镇化的快速持续推进，小城镇建设也取得了举世瞩目的成就，在城乡发展中具有不可替代的地位和作用，也经历了一个复杂曲折的发展历程。

第一节　小城镇发展历程

自新中国成立起，以1978年和2000年为界，我国的小城镇发展经历过起伏波动、快速发展、多元探索等完全不同的三大阶段，进一步细分为六个时期，如下所述。

一、小城镇起伏波动发展阶段（1949—1978年）

1. 初步发展时期（1949—1957年）

新中国成立后，政府根据生产力布局调整原有城市体系，批准设立136个城市，成为国民经济恢复时期的工业基地。在农村实施了土地改革、生产关系调整、农村生产力解放等一系列促进农村经济发展的政策，促进农村经济快速发展。许多小城镇，特别是集镇，也得到了迅速的恢复和发展。据统计，1949年我国建制的城镇只有2000个左右。1954年增加到5402个，年均增长30%。1949年城镇人口由5765万人增加到1957年的9957万人，城镇化率由10.6%增加到15.4%。鉴于当时全国城镇管理体制混乱，1955年6月9日，国务院通过了《关于设置市、镇建制的决定》，明确了镇的设立标准。1956年，国家对城市私营工商业进行社会主义改造，实行公私合营，农村商品的流通完全是通过国有、集体、供销合作社经营的单一流通渠道，制约了镇的商业流通，影响了镇的发展。1955年11月，国务院通过了《关于城乡划分标准的规定》，对现有各级镇按有关标准进行审查，对不达标的乡镇进行调整取消。到1955年年底，全国建制镇总数为4487个，到1956年底持续下降到3672个。

2.停滞发展时期（1958—1978年）

从1958年"大跃进"运动开始，伴随农村的"人民公社"和"农业学大寨"群众运动，在"一大二公""政社合一"的影响下，全国乡镇撤区合并为乡，形成完整的政社一体化体系。这得益于行政机构的建立和加强，以及乡镇企业和社队企业的建设，小城镇得到一定的发展。统筹规划山、水、田、林、路建设，幼儿园、养老院、小学、文化站等公共服务设施建设取得长足进展。但是由于指导思想中的"左"倾错误和主观主义，以及普遍缺乏知识、无视科学，很多地方都实施了以"公共食堂"为核心的"人民公社"规划和"并村定点"建设。但是，当时单方面强调"以粮为纲"，农村处于单一经济状态。而"大跃进"运动盲目吸纳大量农业劳动力进入城镇，造成工农业比例失衡，城镇人口膨胀，供给趋紧。因此，国家不得不减少城镇人口和城镇数量。1958年1月9日，全国人民代表大会常务委员会通过、公布并实施《中华人民共和国户口登记条例》(中华人民共和国主席令)，严格限制农村人口向城镇迁移和"农转非"。1962年，中共中央、国务院颁布了《关于当前城市工作若干问题的指示》，对城镇进行逐一审查，不符合条件的全部取消。1963年12月7日，中共中央、国务院印发了《关于调整市镇建制、缩小城市郊区的指示》，提高了建镇标准。1962年以来，大量城镇手工业者和个体商人被下放农村，农村的商品经济几乎停滞。在"文化大革命"期间，广大乡镇经济更加不景气。许多城镇房屋破旧，文化教育难以为继。许多名胜古迹和珍贵文物遭到严重破坏，城镇建设日益凋零。到1978年年底，建制镇人口减少30%，数量减少到2850个，比1953年减少近一半。

二、小城镇复苏与迅速发展阶段（1979—1999年）

1.复苏发展时期（1979—1983年）

1978年改革开放后，中国农村进行了经济体制改革，伴随农村商品经济的繁荣、产业结构和人口结构的变化，镇逐渐恢复成为连接城乡的桥梁和纽带，建制镇进入了补偿性发展时期。1979年9月，党的十一届四中全会通过《中共中央关于加快农业发展若干问题的决定》，要求有计划地发展小城镇，加强城市对农村的支持，明确提出发展小城镇的意义和基本思想。1980年12月，国务院同意并转发的《全国城市规划工作会议纪要》中提出，控制大城市规模，合理发展中等城市，积极发展小城市，依靠小城镇发展经济，这标志着小城镇的发展地位得到确立。但是，由于设镇标准的限制，镇的发展依然滞后于经济社会发展的需要。1978—1983年的5年间，全国增加了795个镇，年均增加159个。到1983年年底，全国有2968个镇，城镇化率为21.6%。

2.迅速发展期（1984—1999年）

工业化的快速发展，带来了国民经济结构的全面变化。随着市场经济体制的逐步实施和农村改革的不断深入，乡镇企业不断涌现，农村生产力得到进一步提高，广大农民从土地上解放出来。一方面，乡镇企业吸纳了大量剩余劳动力用于工作。同时，农村经济的发展也为各地的商业和服务业注入了活力，从事经济活动的人口也在增加。在行政体制方面，到1984年年底，全国基本完成了政府与公社的划分，一大批公社转为建制镇。同年10月13日，国务院发布了《国务院关于农民进入集镇落户问题的通知》（国发〔1984〕141号），并于11月批转了民政部《关于调整建镇标准的报告》，新模式有力地推动了小城镇的快速发展。建制镇数量由年中的5698个增加到年末的7186个。1985—1991年，国家的城镇发展战略以新城镇建设为重点，出现了一大批新的小城镇，各类小城镇总数约为5万多个。1992—1994年，国家逐渐转移剩余劳动力，发展农村第三产业，允许农民进小城镇打工经商，对小城镇实行"撤、扩、并"政策。到1992年年底，全国共有建制镇14439个，约为1978年的6.7倍，三年增加4247个建制镇。1995年4月，国家体改委等11个部委联合印发《小城镇综合改革试点指导意见》（体改农〔1995〕49号），对小城镇的发展作出了具体指导，确定了52个国家级小城镇综合改革试点。1998年《中共中央关于农业和农村工作若干重大问题的决定》首次提出"小城镇、大战略"，确立小城镇在推进城镇化进程中的重要作用。到2001年年底，我国建制镇数量达20374个。

三、小城镇全面提质发展阶段（2000年至今）

1. 城乡统筹调整期（2000—2011年）

经过上一阶段的数量激增后，小城镇发展出现了一些问题。为解决大规模开发带来的问题，2000年中共中央、国务院印发的《关于促进小城镇健康发展的若干意见》（中发〔2000〕11号）揭开了改善和提升小城镇发展新模式的序幕。在《中华人民共和国国民经济和社会发展第十个五年计划纲要》中提出"走符合我国国情，大中小城市和小城镇协调发展的多样化城镇化道路"。确立了"有重点地发展小城镇"和"严格控制大城市、合理发展中等城市和小城市、积极发展小城镇"的城市发展政策。第一次对小城镇发展做出重大调整，小城镇不再走不分重点、不均衡的发展道路。2002年，党的第十六大提出全面建设小康社会的目标，明确了"全面繁荣农村经济，加快城镇化进程"的方向。提出"统筹城乡经济社会发展""逐步提高城镇化水平，坚持大中小城市和小城镇协调发展"。小城镇数量开始回落，从追求城镇数量转向注重发展质量。同时，为更好地落实《小城镇综合改革试点指导意见》等相关政策，国家公布了第一批113个全国发展改革试点小城镇。小城镇要根据自身特点和试点要求，积极开展小城镇建设实践调研，制订试点方案。随着社会主义新农村建设战略任务的出台，城镇化进程中的重要任务成为统筹城乡和构建新型工农城乡关系。在推进城镇体系建设的过程中，为指导不同地区的小城镇建设，有关部门也编制了相应的技术文件。随着2008年《中华人民共和国城乡规划法》的颁布实施，进一步提高了城镇规划的地位。2011年，城镇化率达到51.3%，表明我国进入城市型社会阶段。针对城镇化发展问题，国家有侧重地发展小城镇，逐步将东部中心城镇、中西部县城和重要边境口岸建设成为中小城市，进一步加强其公共服务和住房功能。说明经过探索调整后，这一时期的共识是加快城乡统筹，提升小城镇服务质量。

2. 一体化创新发展期（2012年至今）

随着社会的不断发展，小城镇的发展质量得到普遍重视。党的十八大报告提出了新型城镇化战略，即"加快完善城乡发展一体化体制机制，着力在城乡规划、基础设施、公共服务等方面推进一体化，促进城乡要素平等交换和公共资源均衡配置，形成以工促农、以城带乡、工农互惠、城乡一体的新型工农、城乡关系"。2014年3月，中共中央、国务院印发《国家新型城镇化规划（2014—2020年）》。2016年，住房和城乡建设部、国家发展改革委、财政部联合印发《关于开展特色小镇培育工作的通知》，以更好贯彻落实党中央、国务院关于特色小镇建设的精神，推进《中华人民共和国国民经济和社会发展第十三个五年规划纲要》，加快特色小镇建设，积极培育休闲旅游、现代制造、商贸物流、教育科技、美丽宜居、传统文化等领域的特色小镇。第一、二批全国特色小镇共403个。这些实践体现了国家差异化发展和创新探索小城镇建设的思路，为今后小城镇建设积累了丰富经验。2017年，党的十九大首次提出实施乡村振兴战略，"以城市群为主体构建大中小城市和小城镇协调发展的城镇格局""加快农业转移人口市民化"，对于小城镇建设，如何促进资源和城乡要素双向流动，加速一二三产业融合，加快区域协调发展，是乡村振兴背景下的务实创新实践。

第二节　小城镇建设成就

我国的小城镇大致分为两类：一类是按功能划分，为周边农民的生产和生活服务，集镇人口在1万人以下。这类小城镇约占总量的72%，可以看作是农村中心，主要提供农村商业服务和公共服务等。它们为农民提供就业，并满足他们对医疗、上学、娱乐、购物等的需求。第二类是具有一定产业和服务规模的小城镇，人口在1万人以上，未来将带动更多区域整体发展。

据统计，2019年中国有21013个小城镇，比2000年多1202个（2000年为19811个）。

随着我国经济社会的全面发展，城镇建设取得了巨大成就。改革开放后，人民公社恢复为乡镇，加之乡镇企业异军突起和撤乡设镇，小城镇迅速发展，平均人口规模增加、综合承载力显著增强，集聚效益逐步显现，城镇功能逐步由乡村型服务功能向复合型服务功能转变。随着功能完善，小城镇在城镇化发展中的地位和作用不断提升，并走向特色化发展。小城镇建设取得了可喜的成就，已获得的成就和经验是继续前进的基础、动力和向导。

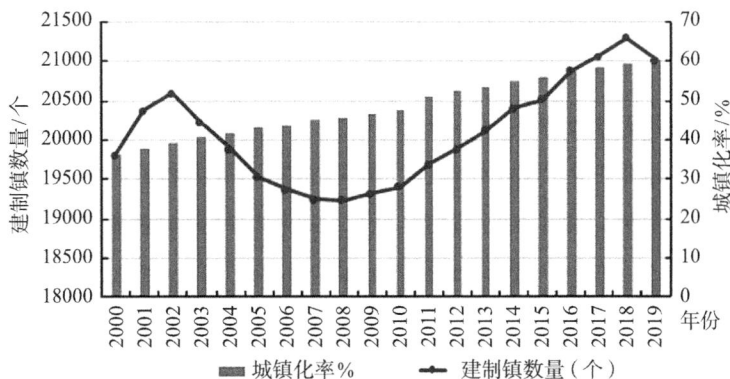

2000—2019年我国建制镇数量与城镇化率变化图

（数据来源：《住房和城乡建设部城乡建设统计公报》）

一、规模不断扩大

1.建制镇数量显著增多

自改革开放以来，随着国民经济的快速增长和社会全面进步，我国城镇化进程加快，大中小城市和小城镇持续协调发展，小城镇发展速度经历了缓慢增长到快速增加再到日趋平稳的过程。在建制镇的数量增加的同时，规模不断提升。其中，尤以1984—1988年小城镇数量增加最为迅速，因民政部于1984年向国务院呈报了《关于调整建镇标准的报告》，按照积极发展小城镇的城市发展方针，放宽了设镇标准，确立了以乡建镇的新模式，到1988年小城镇数量达到11481个，年均增加1074个，相当于1978年中国小城镇数量的一半。总体上从1978—2020年年末，建制镇数量从2173个增加到21297个，约是1978年的10倍，成为中国城镇化进程中的一个显著特征。

2.镇域平均人口规模扩大

全国建制镇户籍人口由1978年的4039万人增加到2019年的1.65亿人，单个建制镇（不含县城关镇）的平均人口规模接近1万人。《2010年中国中小城市发展报告》指出，据不完全统计，在沿海和内地已有436个超级建制镇辖区的户籍人口已超过10万，其中建制镇辖区超过15万的有131个，已经是自然形态的小城市。在长江三角洲、珠江三角洲等城镇密集地区甚至出现了一批5万～20万人口的小城镇，有些甚至成为全国乃至世界性的某一行业的产业中心，如浙江诸暨大唐镇袜子产量占全国的70%、全球的1/3。

3.镇区规模增加

20世纪90年代中后期开始，各地开始调整小城镇的行政区划，合并过小规模的小城镇，小城镇数量增长放缓，到2003年甚至出现绝对数量的下降，这标志着中国小城镇以数量扩张为特征的发展方式的结束，而转向以规模和效益为特征的发展。小城镇规模的提升，关键在于镇区人口规模。镇区人口规模的变化能够反映小城镇的经济实力和水平。根据全国第一次农业普查（1996），镇区呈一定规模，农村城市化水平提高。1996年年末，全国农村镇（不包括城关镇）16124个，占全部乡镇个数的37.4；每个镇镇区平均占地面积为2.42平方公里，平均总人口4520人，平均非农业人口2072人；镇区非农业人口占总人口的比重为45.8%。根据《中国小城镇发展报告2005—2006》数据统计，截至2006年，中国建制镇镇区人口规模在6000人以上的建制镇数量有6568个，占总数的30.8%。其中，镇区人口在12000人以上的占比接近15%。

二、功能不断提升

1.小城镇集聚效益显现

农民教育、就医、购物、休闲等日常活动的80%在小城镇。据住房和城乡建设部调查，58%的农村富余劳动力在镇内实现了向二、三产业转移就业和稳定居住。1978年后，随着城乡经济的发展，一方面，小城镇恢复了农村的经济和服务中心的地位；另一方面，小城镇也在引入现代产业，发展城镇经济。随着小城镇数量和镇区规模的扩展，增大了城镇服务半径以及对产业和人口的集聚能力，在很大程度上改善了农民的生活和生产水平，在中国城市化进程中具有重要的意义和影响，它使城市的服务向农村广泛延伸了。20世纪90年代以后，小城镇不断增大规模来增强自身功能，例如，通过镇和乡的合并来取消乡的权限、增强镇的功能，在2000年以后通过加强镇和镇的合并、镇和开发区的合并，来增强小城镇的资源配置能力。在一些地区，还出现了镇改市的城镇行政体系的改革。

2.小城镇功能更明确

一直以来，小城镇的基本功能都包含了城市属性、乡村属性和城乡过渡属性，并且始终有作为地域中心的乡村服务功能和作为城镇体系节点的生产交换的功能。费孝通老先生在21世纪初对小城镇研究作总结时说："我在过去20年研究中国的社会经济发展时，曾经花了很多时间关注小城镇的发展建设问题，这是因为中国现代化的起步和发展是一个从'乡土中国'向现代化都市逐步发展的过程。鉴于中国的历史、人口、城镇规模、发展速度等因素和条件，我们不得不走从农村小城镇开始逐步发展城市化的过程，必须自下而上地发展起多层次的犹如金字塔形的经济中心，以此来最大限度减低高速现代化和都市化对整个社会的冲击和震荡，保证中国改革开放这一人类历史上最大规模的社会变迁平稳进行"。这一社会变迁的核心是产业的转型和人口的就业，先发地区的乡村城镇走上了工业化道路，部分小城镇的功能发生了蜕变及趋于城市的功能定位，更多的小城镇仍然是农村的行政中心、商业服务中心和文化教育中心。新时期城镇化格局中的小城镇，形成了越来越明确的分类定位。

三、实力显著增强

1.产业结构优化

部分地区以小城镇来发展非农产业、吸纳农村转移人口和加快城镇化取得了显著成功，这些先发乡镇基于乡镇企业的经济发展来带动小城镇建设和城镇化发展。在东部沿海先发地区的一些乡村，乡镇企业和小城镇发展确实取得了举世瞩目的成就。使这些乡镇改变了以传统农业为主的产业结构，成为地区的工业重镇。目前能生存和做大、做强的小城镇，均已经形成了产业基础，其产业集群优势抵消了小城镇的"规模不经济"的劣势，同时也支撑了小城镇的建设和运营。

2.科技创新持续增强

很多年以来，我国小城镇的产业集群大多属于劳动密集型产业集群，在技术创新上落后发达国家。随着社会新阶段的到来和小城镇产业集群的发展，小城镇逐渐建立集群技术创新体系，集群内技术创新意识和技术创新能力得到增强，技术创新的大环境得到改善，产业集群的技术创新为小城镇的发展提供了强大的科技保障，不仅是工业型小城镇，还包括农业小城镇的技术创新也得到一定发展，如与农场配套的科研机构和基地，增加了农民的就业机会，膨胀了城镇规模，农村农民已成为"劳动在田间，生活在城镇"的新型现代化农民。

3.特色小（城）镇不断涌现

小城镇的特色和个性彰显着城镇的内涵和实力，从"十五"开始，小城镇"有重点、特色化"的发展路径就基本明晰，此后不同机构也作出了一些非常切合实际的探索。例如，2004年，六部委颁布了第一批重点小城镇1887个，2014年，七部委批准颁布3675个重点镇，这些都是围绕"有重点地发展小城镇"而进行的实践。又例如，1995年起，体改委等多部委推行综合改革试点镇；2016年住房和城乡建设部、国家发展改革委、财政部等部委发布《关于开展特色小镇培育工作的通知》，2017年颁布了第一批127个特色小城镇，2018年颁布了第二批276个特色小城镇；此外，还有其他部委和、行业、地方颁布了其他的特色小镇、特色小城镇等。截至2018年底，全国特色小（城）镇共有403个，以及市场主体自行命名的特色小（城）镇，特色小（城）镇创建数量有数千个。特色小（城）镇的发展不仅注重产业升级，更关注居民生活品质的提高。完善的设施配置，多元的产业配套，成功的商业运作让越来越多的小（城）镇闻名遐迩，蜚声海内外。从效果来看，这些特色小镇、特色小城镇，总体发挥了人口和产业承载、地域经济服务中心、农村服务供给等功能，有一定效果。

四、面貌焕然一新

1.配套设施逐渐完备

党的十八大正式提出了"新型城镇化"概念。《国家新型城镇化规划（2014—2020年）》指出：要完善基本公共服务体系，优化布局，创新公共服务供给方式，将小城镇发展成为服务农村、带动周边的综合性小城镇。东西部地区受限于经济发展水平，配套水平不均衡，但通过统筹城乡经济一体化发展，在一定程度上支持和带动了小城镇相关配套设施的完善，在小城镇配套设施综合水平、公共服务设施和基础设施三大指标都优于过去。根据《新中国成立70周年村镇建设发展历程回顾》报告，至2017年年底，全国村镇建设累计总投资已超过10万亿元；加大小城镇水电气、道路、通信、环卫等基础设施配套建设，完善教育、文化、卫生、农技等服务功能，不断增强小城镇辐射功能和吸纳能力。对小城镇持续的投入与改造，带来了村镇面貌翻天覆地的变化，村镇基础设施和基本公共服务不断完善，小城镇人居环境持续优化。良好的城镇环境，提高了农民的生活品位，改善了农民的思维意识，为农村的进一步城市化起到了极大的促进作用。农村小城镇配套完善也促使农民进镇建房、购房成为一种时尚，为人口向镇区集中增添了活力。随着小城镇基础设施建设投入力度的不断加大，促进了各小城镇竞相发展、快速发展。小城镇的产业功能、生活功能、社会功能、文化功能、生态功能不断提升，促进了小城镇服务功能的提升和小城镇可持续发展。

2.居住环境更加美丽

过去，在城市环境、农村环境的精力投入得比较多，而小城镇环境抓得不够紧、不够实，仍是薄弱点，突出问题仍有不少；一些集镇存在设施滞后，特色缺失，管理薄弱，镇容镇貌脏、乱、差等现象；个别集镇的卫生状况甚至连一些农村都不如。这些成了制约小城镇建设和经济发展的一大短板。党的十八大以来，生态文明建设上升为国家发展战略和国家发展总体布局重要组成部分，以生态文明为核心，全国开始着力改善小城镇环境，提升小城镇品位，实施绿化、净化、亮化工程。从2016—2019年的三年间，浙江小城镇环境综合整治行动让1191个小城镇发生了蜕变。在此基础上，浙江的169个乡镇列入全省2020年美丽城镇建设样板创建名单，打造环境美、生活美、产业美、人文美、治理美的美丽城镇样板。小城镇环境提升的地区实践也推动了国家于2022年出台相关文件，要求"加快推进城镇环境基础设施建设，即全面提高城镇环境基础设施供给质量和运行效率，推进环境基础设施一体化、智能化、绿色化发展，逐步形成由城市向建制镇和乡村延伸覆盖的环境基础设施网络，推动减污降碳协同增效，促进生态环境质量持续改善，助力实现碳达峰、碳中和目标。"

第三节　小城镇趋势变化

　　小城镇位于"农村之首、城市之尾"，是同步实施乡村振兴战略和新型城镇化战略的重要载体。小城镇作为促进县域的产业结构调整、农村一二三次产业融合、培育农业农村发展新动能的主要抓手，其发展动力和路径发生了根本性变化，同时也面临着巨大的挑战。

一、发展转型和差异化发展

　　小城镇发展动力的基本要素是资源、区位和政策，随着乡村振兴战略的深入推进实施，小城镇的资源禀赋、区域经济发展水平差异、国家和各地方政策作用机制等，小城镇的发展环境和内生动力存在巨大差异，不仅呈现出明显的地区和类型差异，小城镇内部也产生了巨大的分化。

　　传统的小城镇战略主要是依赖发展非农产业、吸纳农村转移人口和加快城镇化，也是作为传统小城镇发展建设的核心动力。其具体表现为依托乡镇企业发展乡村经济，并以乡镇企业发展带动小城镇建设和城镇化发展，并将这种特定地域、特定条件下部分乡镇的成功经验总结为可复制、可推广的模式。与城市相比，小城镇处于弱势地位，市场化优化配置资源要素的能力不强，因此普遍存在小城镇建设滞后，公共服务中心、文化中心等城镇职能不健全、人居环境品质不高等问题。

　　小城镇低质量、碎片化的发展现状，无法满足实施乡村振兴战略的目标要求，转型发展迫在眉睫。一方面，具有产业基础和特色的小城镇，作为城乡工业化、城镇化的重要载体，在国家生态文明建设、供给侧结构性改革和"中国制造2025"等战略叠加的作用下，应围绕产业能级的提升，加快推进小城镇产业转型升级，并依托自身的区位、资源和环境等独特优势，与农业现代化发展相结合，进一步优化小城镇产业结构和布局，实现三次产业融合发展。另一方面，城镇化动力不足、农业地区的大部分小城镇不应单纯以追求工业化发展或城镇化水平的提高，《乡村振兴战略规划（2018—2022）》提出，要"加强以乡镇政府驻地为中心的农民生活圈建设，以镇带村、以村促镇，推动镇村联动发展"，以服务"三农"为导向，发展建设成为乡村公共服务中心。

此外，与重点镇、特色小镇、特色小城镇、新型乡村社区建设等工作抓手相结合，充分发挥政策集成优势，形成乡村振兴战略背景下的小城镇发展建设模式。重点镇是各省市集中力量发展的一部分小城镇，具有镇域规模较大、人口较多、经济较发达、配套设施较完善等特点，建设全国重点镇是均衡布局农村转移人口、减少大城市人口承载压力的有效手段。特色小镇是小城镇特色发展的重要机遇，2016年，住房和城乡建设部、国家发展改革委、财政部联合发布通知，决定在全国范围开展特色小镇培育工作，在《中共中央　国务院关于建立健全城乡融合发展体制机制和政策体系的意见》中提出，"把特色小镇作为城乡要素融合重要载体，打造集聚特色产业的创新创业生态圈"是促进城乡融合、落实新型城镇化和乡村振兴的重要抓手。农业地区小城镇发展建设的重点在于完善小城镇基本公共服务功能，尤其是大量被撤并乡镇由于建设停滞带来公共服务功能的弱化，需要进行城镇体系空间布局的优化，围绕提供必要的生产生活配套和品质环境场所，为乡村社区网络搭建服务平台，打造服务"三农"，城镇与乡村社区风貌和功能特征兼具的新型乡村社区。

二、融入区域和发展新路径

1.传统小城镇战略是城乡发展的"蓄水池"

利用农业人口小城镇转移成本低的优势，以非农产业发展带动城镇化。与城市相比，小城镇的资源竞争能力较弱，资源要素的配置能力不强，"蓄水池"作用有限。由于我国地域差异较大，不同区位、自然条件、资源禀赋与生态环境承载能力的小城镇应采用差异化的发展模式与实施路径。

2.承接区域产业功能外溢和补充

党的十九大报告中提出"实施区域协调发展战略，要以城市群为主体构建大中小城市和小城镇协调发展的城镇格局。"在以长三角、珠三角、京津冀等城市群为主体的协调发展背景下，轨道交通和信息技术将加速区域一体化发展，区域内城镇化程度高，城镇密度高，现代化交通网络发达。而城市群周边、省会等大城市周边呈现出小城镇集聚的空间布局特征，可以直接参与区域的产业分工，直接承担城市功能的外溢和补充，缓解大城市的产业和人口压力，成为小城镇发展的主要动力，加快推动小城镇的高质量、高水平建设，包括城镇环境的治理、基础设施的完善、历史文化的挖掘等，整体提升小城镇的吸引力。

综合考虑区域一体化、城乡融合发展、农业现代化建设等多因素，通过市场化要素资源的优化配置，增强小城镇服务"三农"的功能。立足地方特色、挖掘内生动力，依据小城镇资源条件、产业基础差异，推进小城镇特色化、差异化发展，充分挖掘小城镇与乡村地区的资源禀赋优势，围绕有基础、有特色、有潜力的产业，建设一批农业文化旅游"三位一体"、生产生活生态同步改善、一二三产业深度融合的特色村镇，引导城乡要素双向流动，实现以小城镇和乡村联动融合发展。小城镇的发展建设与农业"六次产业"的平台化发展相结合，随着我国鼓励农业向二产、三产融合发展，一批原为农业镇的小城镇开始结合"互联网＋""旅游＋"等趋势，探索融合的转型发展路径。以农业生产为基础，向农产品加工、销售，乡村旅游、农业综合体等方向拓展，培育特色产业，要素驱动下的产业融合发展。

三、规划重构和村镇一体化

国土空间规划是可持续发展的空间蓝图，通过主体功能区规划、城市规划和土地利用规划等"多规合一"，彻底并统一解决各类规划重叠、冲突，部门职责交叉重复等问题，提高国土空间治理能力和水平。随着国家机构改革逐步到位，2019年5月，《中共中央、国务院关于建立国土空间规划体系并监督实施的若干意见》对国土空间规划的编制和实施作了全面部署，明确"国家、省、市县编制国土空间总体规划，各地结合实际编制乡镇国土空间规划"。在国家、省、市、县、乡镇5级空间规划体系中，小城镇是最基层的空间单元，小城镇的发展建设要适应和满足新时期国土空间规划体系与国土治理管控要求。

小城镇规划由传统的"镇区"空间为重点向全域全要素规划和管控转变，全面统筹山水林田湖草全覆盖的国土空间，节约和集约利用城镇土地空间，在既往的土地利用总体规划、乡镇总体规划整合基础上，与事权职能改革相结合，强调"一张蓝图"的村镇一体化布局。全域统筹和综合考虑小城镇的生态保护、产业发展、土地利用、配套设施、文化保护、项目建设等，结合城镇、农业、生态三类空间，落实上位县域空间规划提出的生态红线、永久基本农田保护线、城镇开发边界三条控制线。重点优化和深化旅游发展、乡村发展、特定廊道（高速公路沿线地区）等内容，提出明确的分区发展要求。此外，小城镇经济发展受外部环境因素影响较大，要建立与经济社会转型发展相适应的空间动态调整机制。

小城镇作为乡村地区的经济、文化和公共服务中心，产业发展、基础设施和公共服务设施布局等重点内容，既要考虑与县市的衔接，又要考虑与乡村的融合。主要通过农村土地综合整治、集体经营性建设用地入市等工作抓手相结合，发挥促进城乡融合发展的作用。立足于全镇域资源统筹，在保护生态、耕地、文化的基础上，进行全域规划、全域设计和全域整治，结合小城镇发展建设目标，在全镇域层面确定整治的目标、方向和重点任务，防止城镇无序蔓延，实现生态保护、修复和耕地保护、质量提升目标，提高土地综合利用效率，促进村镇一体化融合发展。

四、要素保障和市场化改革

实施乡村振兴战略，构建城乡融合发展的体制机制和政策体系，要素市场化配置是深化改革的关键，小城镇的发展建设是与城乡要素自由流动密切相关的，在土地、劳动力、资本、技术等要素市场化改革的进程中，不断地进行资源配置方式的优化和创新。

1.土地要素保障创新

通过全镇域土地资源的综合治理，进行全域空间优化布局和指标统筹，全面落实耕地保护，生态、生产、生活等各类规划指标的上传下导，结合小城市实际发展建设需求，在统筹镇域各村特色、产业基础、发展现状、实际需求和发展定位的基础上，重点保障乡村新社区建设、农村新产业新业态、一二三产业融合发展用地、设施配套等。坚持公有制性质不变，耕地红线不突破，农民利益不受损三条底线。在此基础上，通过农地流转、宅基地改革、集体经营性建设用地入市、完善社会保障制度、村级集体经济股份化等土地制度变革和机制创新，最大限度发挥市场配置土地资源的基础性作用。

2.人口要素保障创新

小城镇的产业化发展与小城镇的有机更新、功能提升、环境整治等相结合，通过产业集聚创造充足的就业岗位，促进人口的规模集聚。通过人才交流合作、定向培养、创新服务管理等方式，破解高端人才向小城镇集聚和流动难的困境，结合农业的现代化发展需求，把吸引和助力返乡创业，作为小城镇获取人才要素的重要渠道。

3.资金要素保障创新

小城镇的基础设施、公共服务设施和环境治理等方面的资金使用通常是以专项形式向上级申请"专款专用"，项目建成后缺乏设施维护与管理的资金投入。在培育与事权相匹配镇级财务的基础上，发挥财政资金的引导作用，吸引调动社会资本参与小城镇建设和经营管理。重点与供水、供电、环卫等基础设施，教育、文化、体育等公共服务设施相结合，采取TOT（Transfer-Operate-Transfer，移交—经营—移交）、BOT（Build-Operate-Transfer，建设—经营—转让）、PPP（Public-Private Partnership，政府和社会资本合作）等融资方式，鼓励先行先试，建设发展融资平台，实现多元化的资金要素保障。

第三章 | **小城镇发展建设的问题和原因**

◎ 存在的主要问题

◎ 问题形成的主要原因

第一节　存在的主要问题

我国作为农业大国，人均资源不足，地区差距较大，社会结构分化严重。在从城乡二元结构向城乡一体化转变的过程中，小城镇发展建设呈现普遍收缩和多元分化并存。从城镇化发展的现状来看，大城市人口集中的趋势没有改变，大城市集中度高，小城镇发展不畅，还没有成为人们长期稳定的居住地。除了数以万计的农村人口涌入外，大量小城镇也开始向大中城市流动，这一点在中西部欠发达地区更为明显。近年来，乡镇企业的整体收缩和发展动力的下降，也加速了小城镇的收缩，特别是已经合并的乡镇以及区位优势和特色不太明显的小城镇。此外，我国已进入了以城市群为主体、大中小城市和小城镇协调发展的城镇化发展新阶段。与区域协调发展，着力培育城市特色和承载能力，成为未来发展的新方向。国家一系列改革措施和差异化政策的出台，以及地方"强镇扩权"改革和"特色小城镇培育"等试点做法的实施，导致各地区资源重新集聚，加快建设不同类型的特色小镇、不同形式的特色小镇集群，加速了小城镇在空间形态和规模上的多层次分化。

一、动力不足，经济发展方式粗放

由于经济发展水平和规模的制约作用，小城镇的主导产业发展滞后，产业布局过于分散，缺乏一些高端、高产、高附加值的高新技术企业，所以直接降低了小城镇的人口规模、劳动力就业机会和各类企业的聚集能力。经过多年的经济发展，我国经济增长方式已经从粗放型转变为集约型，重视质量和技术，强调专业化、市场化和规模化。但是，为了维持小城镇的"正常"运行，一些城镇的工业发展仍然沿用高投入、低产出、高消耗、低效率的资源型发展模式，生产效率滞后。再加上污染项目转移至农村和小城镇快速扩张等，导致耕地减少，植被破坏，薄弱的自然资源和生态环境保护意识，对小城镇的可持续发展造成了严重阻碍。

乡镇企业是多数小城镇发展的主要动力。目前，大多数乡镇企业还没有形成规模化的企业集群，发展相对缓慢。普遍存在发展思路和主导产业不明确等问题。主要表现在农业比重过大，经济发展水平低，对周边地区的辐射带动作用不强，第三产业发展缓慢等，无法将农村剩余劳动力吸纳进城镇，而进城务工人员也面临着严重的就业转移危机。城镇农业产业化发展滞后，农产品生产、加工、销售不能一体化，难以为农业提供及时有效的全产业链服务。小城镇工矿企业受人才、资金、技术因素的影响，往往规模小、生产方式落后，加上原材料供应和销售渠道不畅，效率低下，严重制约了企业的发展活力。城镇发展中普遍重视镇区建设，而轻视以广大农村为主的镇域发展，致使农业发展缓慢，农村劳动力及土地要素不能够有效激活，成为制约城乡发展的痛点问题。

二、投入有限，综合服务功能偏弱

由于小城镇建设是一项系统工程，投资时间长，成本回收慢，需要大量资金，在小城镇发展过程中，普遍存在资金短缺的情况。目前，国家投资主要集中在大城市，小城镇投资明显不足。水、电、气、路等各种基础设施不能及时跟进，配套基础设施不足，导致小城镇综合服务功能整体薄弱。此外，由于功能布局分散，小城镇建设也存在低质量重复建设的现象，造成基础设施和公用服务设施的建设成本浪费，进一步加剧了资金紧张带来的配套不足。

由于小城镇建设资金缺乏，加之政府财政收入不够、投资不足，大部分资金需依靠社会资本或银行贷款完成资金筹集。与城市相比，小城镇处于弱势地位，市场化优化配置资源要素的能力不强，吸引社会投资的有效体制机制尚未建立，因此普遍存在小城镇建设滞后，公共服务中心、文化中心等城镇职能不健全，人居环境品质不高等问题，整体服务带动能力弱。

三、建设趋同，城镇特色逐渐消失

随着我国城乡建设步伐的加快，出现了"千城一面""千村一面"的现象。小城镇建设片面强调经济建设，单纯追求经济发展速度，突出小城镇的现代性和科技性，而忽视了小城镇的古老文化和个性。另外，小城镇规划的相关部门缺乏对于城镇文化的认识，几乎不做文化规划，城镇规划沿用城市规划的手法，照搬城市规划套路，不能够对小城镇的发展提供有针对性的规划引导，城镇建设"生搬硬套""拿来主义"盛行。并且有的地方不能正确认识有地方代表性的个性景观和文化建筑，缺乏有内涵的规划设计，建设中也有意或无意地忽视文化挖掘与塑造，导致部分小城镇不间断地受到文化单向流动的影响，古城、古建筑群、特色景观等典型的具有代表性的建筑和景观受到不断侵蚀，弱化了小城镇的吸引力，使城镇缺乏个性。

虽然小城镇的建设是为了给人们提供更好、更便捷的生活环境，但小城镇的相似性抹杀了它们的个性，不利于地方文化的保存和建设，最终导致小城镇失去了传统的归属感。另一方面，在实施乡村振兴战略和新型城镇化的双轮驱动下，强调以县城为重要载体的城镇化建设，以保护生态环境、现代农业发展为前提，既能向上承接城市职能和产业转移，又可以向下带动乡村地区，集聚农业农村人口，是促进大中小城市和小城镇协调发展，推动小城镇高质量发展的重要形式。受到产业、就业、企业、交通、用地、农民意愿等多种因素的影响，就地城镇化主要的空间载体包括县城、小城镇镇区、新型农村社区、就地转型的村庄，形成了多元发展路径和模式。在实践过程中，小城镇往往因发展动力不足而导致就业岗位偏少、基础设施建设不足和公共服务能力弱等问题，使其对农业转移人口的吸纳能力不强。在新型社区建设过程中，也出现政策"一刀切"、集聚意愿不强、农民生活方式难转变、占用耕地、缺乏土地指标等诸多问题。

四、管理无序，城镇缺乏科学引导

小城镇建设盲从城市标准。现代城市规划主流思想和理论均由欧美引入，但相较我国行政体系，对小城镇的界定上本身存在一定差异，其适用性还需探讨。国内经过一段时间的实践探索虽然初步构建相对完善的理论知识体系，但其主要关注点仍然集中在"城市"一级。小城镇千差万别的基础条件，以及介于城乡二元之间的特殊属性，导致直接套用"城市"标准进行规划必将带来隐患。同时，这种规划思路，也直接导致小城镇规划陷入"重镇区，轻镇域"的误区。小城镇在发展过程中，镇区统筹各类要素集聚发展与城市较为相似，但其镇域大量非建设用地空间也具有非常关键的核心价值，不仅体现在经济维度，更包含在生态和社会维度。

新型城镇化强调城乡统筹的大趋势下，小城镇在发展过程中，随着其规模能级的逐步提高，产业结构也由传统农业型主导转向二三产业并重，部分沿海发达地区，特色产业型小城镇经济总量大，城镇化率高，实际上已经发展成为"小城市"，但是传统镇级管理权力的配制，成为限制小城镇发挥更大作用的"瓶颈"。一方面，镇级政府在平衡公共利益和城镇治理方面缺少制定政策的灵活主动性，大部分镇级政府无法分享企业税收留存红利，失去通过财税留存进一步刺激产业持续发展的机会；另一方面，镇级政府受限于事权管辖和编制预算，难以吸引优秀人才，或配备精通业务的专员，在形势万变的发展环境中，失去先机。

第二节　问题形成的主要原因

一、要素的自由流动性不畅

在市场经济条件下，生产要素的流动性和强度决定了资源配置的效率和效果，也决定了经济体系的活力和绩效。我国40多年来的市场化改革，就是一个不断打通制约、促进要素流动的过程，但是，城乡之间的要素流动还存在着"三大制约"。

首先，劳动力在城乡之间流动存在很大限制。农村剩余劳动力向城市转移是生产力发展的重要标志，也是城镇化的客观趋势。然而我国由于城乡二元体制，大量农村劳动力进入城市，但进一步向市民转化存在诸多障碍；而城市劳动力流向农村则受到农村就业机会、公共服务和生活环境条件的制约，从长远来看，他们并没有强烈扎根农村的意愿。这种对城乡劳动力流动的不同制约，不利于城镇化的健康发展和根本解决"三农问题"。

其次，土地资源市场配置存在较大制约。现行法律、法规和政策对农村集体土地流转有严格限制，大量农村人口进入城市从事二三产业，但其名下的土地，特别是住宅等建设用地，不能随人口流动（土地指标）向城市转移，造成城市建设用地严重短缺。有的人已经在城里买了房子，但仍占用农村住宅用地资源，房屋多年无人居住，土地资源浪费极大，无法为大规模农业生产腾出空间。实践中，集体土地直接进入市场存在诸多阻力，与国有土地存在"同地不同权""同地不同价"等问题，严重扭曲土地资源价格形成机制，既不能充分反映土地市场价值，也不能反映真实的土地稀缺程度。

最后，金融资本的双向流动受到很大限制。目前，农村信贷资金外流的情况非常普遍。商业银行收缩在农村地区的金融网点，上收贷款权，客观上使农村资金回流到城市。即使是为农村地区服务的金融机构，也会通过购买国债、在其他银行存款、贷款给城市客户等渠道，促使大量资金流向城市，加剧了城乡之间金融资本的不平衡。虽然这种金融资本向城市的偏向性流动是基于资本的"逐利性"，看似是充分发挥了市场机制作用的一种配置方式，但任何资源的单向流动本身就足以说明市场机制是不完善的，更不用说金融资本的单向流动是建立在许多城乡制度不平衡的基础上。

二、资源的市场化配置不足

通过分析制约城乡要素自由流动的各种因素，其"瓶颈"在于土地，城乡土地资源不能以市场化方式配置，是制约城乡要素自由流动的最大因素。一方面，农村劳动力大规模向城市转移，常年在城市工作和生活。但在农村仍保留着"一亩三分地"，缺乏土地随人流转移的制度安排，使得"根"留在农村，土地"绊"住了农村劳动力流动的步伐。另一方面，根据现行法律制度的规定，与城市居民对资源占有的完整产权相比，农民对土地、林地和各种资源的占有，却不能享有足够的产权收益。农村房屋、土地及农机等资产不能作为贷款的抵押物，导致农村资源和资产无法转化为资本，资本增值和资本积累的金融渠道无法建立，农民没有资本积累和资本运作的机会，土地产权又阻碍了农村的金融资本发展。因此，要畅通城乡要素流动，关键是要打通土地这个关键，当务之急是进一步推进农村产权制度改革，即加快推进集体建设用地使用权、农村集体土地和房屋所有权、房屋所有权和农民宅基地使用权确权颁证，依法确认和保护农民的土地用益物权，建立农村产权交易市场，积极推进农村金融改革，探索农村宅基地有偿使用，要建立有偿退出和流转机制，激活农村资源和资产的资本转化、资本增值和资本积累的金融渠道。

三、规划的引领作用未发挥

在小城镇建设中，规划的引领作用至关重要，但众多规划的可操作性差，加上实施过程中的变形折扣，使得规划没有真正起到引领作用。

1. 城镇规划不到位

受经济发展程度、体制机制、管理人员素质等方面的影响，我国大多数小城镇在发展过程中存在着规划起点低、定位不准确、规划不科学等问题。部分单位特别是乡镇政府处于基层政府的第一线，其工作更多的是事务性的，成为上级各单位和部门政策的"执行机关"。很多小城镇规划都是照搬上级规划，不考虑自身的实际情况，导致编制的小城镇规划不符合当地实际，不具有指导意义。随着2008年《中华人民共和国城乡规划法》的颁布实施，中国城镇规划的法定性得到加强，"无规划不建设"的理念也慢慢被人们所熟悉。然而还是存在一定的"顶层规划"，不顾社会经济规律的盲目扩张、与当地发展实际不相符的项目布局、不符合当地特色的"应用型"规划成果仍层出不穷，使多数规划成为"纸上画画、墙上挂挂"的硬性成果。

2. 规划实施不到位

由于缺乏一套完整的管理制度和管理机构，一些撤并的原乡镇在行政区划调整后，在一定程度上出现了管理放松、功能弱化、建设停滞的现象，严重削弱了城镇的正常运转。另外，一些小城镇虽然制定了发展规划，但在实际发展过程中，由于各种因素的影响，规划被束之高阁，没有得到遵循，导致小城镇发展管理混乱，职能交叉，脏、乱、差问题十分突出，长此以往，给小城镇的发展带来很大困难，发展潜力不能有效释放，发展空间不能合理布局。

3. 人为因素的干扰

一方面，一些基层领导干部由于自身素质问题，思路不够开阔，对小城镇的规划、建设和管理缺乏理论知识和实践经验，对小城镇的发展缺乏长远和战略思考，对如何将城镇化与工业化、社区现代化和农业农村现代化相结合缺乏系统思考，没有提出推动当地小城镇建设的有效思路和方法。个别领导干部积极性不高，过分强调客观条件，甚至存在畏难情绪，导致小城镇建设整体进展缓慢。另一方面，个别小城镇因领导班子调整，或因部分领导干部行政短视，在小城镇建设过程中重眼前、轻长远，随意改变规划，在指导思想、基本思路、发展规划和发展目标上，存在不连续性和不可持续性，不按规划进行开发建设，导致规划成为一纸空文。

四、行政机制下的权责背离

在我国目前的小城镇运行机制中，职能"条块分割"的现象十分明显。权利在"条"，责任在"块"，财权在"条"，事权在"块"，权、利分配不尽合理。从财权上看，税务、工商、公安等部门都实行垂直管理，财权和财力都是向上转移的。乡镇作为一级政权组织，在很多方面缺乏统筹本级政府收支的基本权力，在财力上无法满足其相对独立的要求，约束激励机制无法建立。在事权方面，重要的经济管理和执法机构移交后，乡镇政府在管理社会保障、保护生态环境、发展教育等方面的职责被肢解，乡镇财政处于"虚置"状态。然而，垂直管理部门往往越俎代庖，转嫁自己的责任，侵蚀乡镇政府的权限。乡镇政府越来越依赖垂直管理部门，甚至成为上级政府的附庸，无法成为乡镇有效治理的真正主体。在现实中，"条块分割"造成了乡镇政府职责和权利的高度不平衡，执行任务的权力和所需的财政资源严重不对称。这种不合理的集权倾向，与建设分权、自治、地方负责的基层政府的改革路径明显相悖。相反，为了应对权力的错位，缓解财政压力，乡镇政府不得不以各种方式将相应的责任转嫁给农民，造成发展困难和财政困难的恶性循环。这种权责背离的现实，也直接导致了大量无效的城乡公共产品的供给。

现行"国—省—市—县—乡（镇）"的塔式级别化行政体制，城镇的"政治级别"与"经济人口规模"形成了正比关系，位于行政体制最末端的乡镇，很难积聚并留下优秀资源。小城镇与大城市相比，可支配的资源和财力相对有限，因此在政策制定和实施过程中要尽可能保持稳定性，避免因政策导向的变化导致小城镇某些功能无法有效发挥或频繁变动。在解决小城镇的区域差异和引导小城镇的差异化发展方面，目前的政策还不到位。

此外，小城镇工作内容多、强度大，但不能同步完善资金、土地、人才等保障机制，使得小城镇发展中的"木桶效应"明显，无法形成快速并行发展的局面。为加强组织领导而实施的各种考核制度，也会成为地方城镇的隐形压力。

第四章 | 乡村振兴战略背景下的小城镇发展建设实践案例

◎ 试点示范与综合型小城镇

◎ 产业融合与农业型小城镇

◎ 绿色发展与生态型小城镇

◎ 资源再生与旅游型小城镇

第一节　试点示范与综合型小城镇

一、浙江省德清县洛舍镇

1.乡镇概况

洛舍镇位于浙江省德清县北部，镇域总面积47.32平方千米，交通区位十分优越，武洛公路、洛德公路贯穿东西，高速公路横贯南北，杭宁高速德清北互通距镇区仅6千米，距全国四大避暑胜地之一的莫干山27千米，杭州60千米，上海200千米。全镇下辖1个居委会6个行政村，分别是洛舍居委会、砂村村、张陆湾村、洛舍村、雁塘村、东衡村和三家村，共计137个村民小组，2.1万人。

洛舍镇是中国千强镇，经济实力雄厚，产业特色突出，拥有木材加工、钢琴生产两大支柱产业，被誉为"木业重镇，钢琴之乡"，洛舍镇工业园区有全国最大的贴面板生产企业——德华集团、巨峰木业、宝丽华木业、鼎王木业等，大、中、小企业和现代家庭工业结构合理、协作互补，形成专业化产业配套体系，木材资源综合利用率高，循环经济效益明显。农业产业方面，素有"鱼米之乡、丝绸之府"的美称，土地肥沃、物产丰富、渔业发达，充分依托国家"多规合一"、农业供给侧结构性改革集成示范、农村股份权能改革、宅基地改革等，集成优化，以国家级农村一二三产业融合示范园为核心，招引落实了一批农业产业项目。

洛舍镇是典型的江南水乡，镇内水系发达，洛舍漾、泥口漾等湖面开阔，环境优美，建有浙江省唯一的浙江省现代水利示范区，以水系综合整治、水土保持示范、高效节水灌溉、圩区防洪排涝提升、水利科技推广等为重点，打造浙江省现代水利示范区、浙江省五水共治成果展示区、国家级水利风景区、国家级水情教育基地。

此外，洛舍镇矿产资源也十分丰富，曾依托矿山开发快速发展城镇经济，近些年逐步关闭矿山，在"绿水青山就是金山银山"理念引导下，是全国土地综合整治试点，矿坑复垦的基础上进行高标准农田和绿色农田建设，浙江省产业生态融合型的全域土地综合整治与生态修复典型工程，为实现城镇绿色转型和高质量发展，不断探索新的发展模式与路径。

（a）城镇建设

（b）洛舍老街

（c）洛水湿地

（d）洛漾半岛

（e）十里琴廊

洛舍镇概貌

2.产业强镇与产城融合发展模式

洛舍镇的小城镇建设模式属于产城融合发展模式。产业和城镇发展融合，不同的城镇功能有机融合，是小城镇高质量发展的内在要求，是实现生产、生活、生态融合持续发展，提高城镇化质量，保持其持续发展的重要方式。产城融合是一种城乡发展新思路，是城镇化和产业化相结合的一种发展模式，有利于产业要素集聚、城镇用地集约和镇村一体化发展。围绕共同富裕示范区先行样板地的战略目标，聚焦产镇融合、绿色共富，充分发挥自身第一第二第三产业基础优势，联动城镇与乡村产业发展，加速城乡要素自由流动，以产兴城、以城聚产、产城互动，实现城镇和产业的两者"平衡"，以国家农业产业融合发展示范园为契机，持续推进村庄生态化、国际化、数字化、人本化建设，以乡村改革集成，加速促进城乡要素自由流动，实现城乡、产业、文化的深度融合。

产城融合模式是以"人"为核心的城镇化，建设以生态环境为依托、以现代产业体系为驱动、生产性和生活性服务融合、多元功能复合共生的新型城镇区。"产"是指产业集聚、产业文化，包括工业和服务业；"城"是指城镇功能集聚，包括生产功能、服务功能、管理功能、协调功能、集散功能、创新功能。产城融合以产业促进人口集聚和城镇转型，通过深化改革促进要素流动，避免传统城镇化的粗放式规模扩张、产业结构不平衡、区域发展不协调、资源分配不合理等问题，通过产业结构的调整，以产业转型带动经济发展，提供就业岗位、基础设施建设和社会保障建设、人居环境改善、城镇体制管理改革创新等，吸引企业投资和劳动就业，实现农业人口向城镇集聚和产镇村融合发展。

3.建设重点

（1）闭坑矿地综合开发利用建设。2012年，浙江省国土资源厅批复同意德清县开展闭坑矿地综合开发利用试点工作，批复意见指出，矿地综合开发利用要以十分珍惜和合理利用土地，促进经济社会发展与土地资源利用相协调为目的，按照"科学规划，合理布局，保护耕地，生态优先，节约用地，规范管理，维护权益"的原则，通过科学合理有序开发闭坑矿地，拓展建设用地空间，减少工业发展和新农村建设对优质耕地的占用，全面提高闭坑矿地综合开发利用经济、社会和生态综合效益。首期试点范围为德清县洛舍镇砂村集中开采区闭坑矿地地块，对该区块内符合条件的闭坑矿地，允许在妥善处理好群众利益关系，没有权属纠纷和群众信访的基础上按存量建设用地报批。首期建设总规模控制在233.33公顷以内，试点期限为2013—2015年。通过试点探索和实践，在建立闭坑矿地综合开发利用政策、创新耕地保护和土地资源利用新模式等方面积累经验，形成制度化成果。

洛舍镇确立的"宜建则建、宜耕则耕、宜林则林"和"统一规划、分期实施、试点先行"的基本思路，大力推进废弃矿山复垦耕地，通过建设平台、矿地村庄、矿山复垦、生态治理等方式，对废弃矿地造水田进行了有益的探索尝试。

洛舍镇矿地造水田采取的是"3+1"的方式。"3"指的是"削峰填谷"，即平整场地，把"峰"上的石料或岩渣填到"谷"中、"湖"中，使之形成平整的区块，逐步形成规模可利用矿地；表土剥离循环利用，对占用耕地的建设用地，在土地出让时约收取1333.33元/公顷的专项资金，用于保障耕作层优质表土剥离再利用；"移土培肥"即提升地力，结合河道清淤工程，在矿地复垦时覆盖表土作为基层的基础上，专门铺设管道用泵机将河泥吸灌到就近的复垦矿地，覆盖40厘米厚度的干河泥，使之成为优质水田，土壤样品相关指标均达到国家标准。"1"指的是实施种粮补助政策加强后期管护，提取土地整治项目补助资金的20%作为耕种保证金，在连续3年耕种农作物后才给予返还；对全县土地整治项目种植粮食面积达80%以上的，按项目区粮食种植面积每年40元/公顷的标准进行补助，引进种粮大户进行规模种植。

土地综合整治矿基复垦项目

洛舍镇东衡村关闭18家石料厂，并率先启动矿地回填工程。砂村村512.27公顷矿山区块开采到期，其中约有233.33公顷连片矿地被选为闭坑矿地综合开发利用试点的首期实施范围。成为试点区块以来，对砂村矿区共平整矿地约385.33公顷；拆除机组29套，码头70座，处理运输车辆1192辆、采挖设备198台，劝返外来务工人员3536名，实现全面闭矿。砂村矿区成为全省废弃矿地的"再生"样板。同时，关闭河道沿岸有污染的养殖场，累计关闭生猪养殖户27户，拆除面积3万余平方米；龟鳖养殖16户，拆除面积1万余平方米；鸡鸭羊养殖户8户，拆除8000余平方米。借助乡村振兴的东风，实现生态效益与经济效益双丰收。

（2）国家农村产业融合发展示范园建设。2019年，国家发展改革委会同农业部、工业和信息化部、财政部、国土资源部、商务部、国家旅游局，联合发布了全国首批100个国家农村产业融合发展示范园创建名单，洛舍镇东衡农村产业融合发展示范园成功入选，申报类型为产城融合型。

①国家农村产业融合发展示范园发展内涵。农村产业融合发展是推进农业供给侧结构性改革的重要抓手，是新形势下改善农业供给、拓展农业功能、拓宽农民增收渠道的重要举措。中共中央、国务院高度重视农村产业融合发展，中央经济工作会议、中央农村工作会议均作出了部署，特别是中央1号文件明确要求支持建设一批农村产业融合发展示范园。以深入推进农业供给侧结构性改革、加快培育农村发展新动能为主线，以完善利益联结机制为核心，以要素集聚和模式创新为动力，以农村产业融合发展示范园建设为抓手，着力打造农村产业融合发展的示范样板和平台载体，充分发挥示范引领作用，带动农村一二三产业融合发展，促进农业增效、农民增收、农村繁荣。

东衡国家农村产业融合发展示范园

②东衡村国家农村产业融合发展示范园示范任务。

一是在六类发展模式中重点探索产城融合型发展模式，产业发展与城镇化紧密融合，促进园区内土地市场城乡一体化，城乡居民社会保障体系一体化，加强示范园区对本地劳动力就业吸纳能力，提升主导产业对本地城镇化支撑能力，农村发展为城市提供休闲养生服务场所、基地生产标准化、品牌化等。

二是培育多元化产业融合主体，激发产业融合发展活力。探索农民合作社、家庭农场、种养大户等在农村产业融合中更好发挥作用的有效途径，鼓励农民合作社发展农产品加工、销售，鼓励家庭农场、种养大户开展农产品直销。支持龙头企业通过直接投资、参股经营、签订长期供销合同等方式建设标准化、规模化原料生产基地以及营销设施，带动农户和农民合作社发展适度规模经营。

三是健全利益联结机制，让农民更多分享产业增值收益。围绕股份合作、订单合同、服务协作、流转聘用等利益联结模式，建立龙头企业与农户风险共担的利益共同体。鼓励龙头企业带动合作社、家庭农场等新型经营主体形成一体化经营组织联盟。引导龙头企业创办或入股合作组织，支持农民合作社入股或兴办龙头企业，采取"保底收益、按股分红"的分配方式，实现龙头企业与农民合作社深度融合。

四是创新体制机制，破解产业融合发展"瓶颈"约束。按照企业主导、政府支持、社会参与、市场运作的原则，完善农村产业融合投融资体制机制，吸引社会资本投入农村产业融合发展示范园建设和运营。鼓励金融机构与农村产业融合发展示范园建立紧密合作关系，推广产业链金融模式，加大信贷支持。挖掘农村资源资产资金潜力，探索通过"资源变股权、资金变股金、农民变股东"，把闲置和低效利用的农村资源、资金优化用于农村产业融合发展。

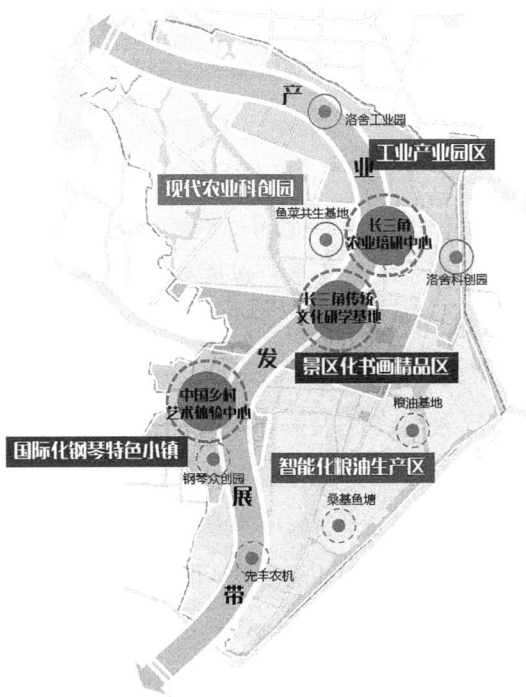

东衡村国家农村产业融合发展示范园总体空间格局图

（3）美丽城镇建设。2019年年底，为持续深化"千村示范、万村整治"工程，高质量推进城乡融合发展，加快推进乡村振兴，建设美丽浙江，浙江省实施"百镇样板、千镇美丽"工程。在小城镇环境综合整治取得阶段性成效的基础上，着眼高质量发展、竞争力提升、现代化建设，努力建设"功能便民环境美、共享乐民生活美、兴业富民产业美、魅力亲民人文美、善治为民治理美"的美丽城镇，加快形成城乡融合、全域美丽新格局，打造现代版"富春山居图"，为建设美丽中国提供浙江样板。

①主要目标。以全省所有建制镇（不含城关镇）、乡、独立于城区的街道及若干规模特大村为主要对象，以建成区为重点，兼顾辖区全域，统筹推进城、镇、村三级联动发展、一二三产深度融合、政府社会群众三方共建共治共享，推进1000个左右小城镇建设美丽城镇。2020年，在1000个左右小城镇高水平全面建成小康社会的基础上，100个左右小城镇已率先达到美丽城镇要求；到2022年年底，预计有300个左右小城镇达到美丽城镇要求，其他小城镇达到美丽城镇基本要求，初步构建以小城镇政府驻地为中心，宜居宜业、舒适便捷的镇村生活圈，城乡融合发展体制机制初步建立，推动形成工农互促、城乡互补、全面融合、共同繁荣的新型城乡关系，美丽城镇成为浙江省继美丽乡村之后的又一张"金名片"；到2035年，美丽城镇建设将取得决定性进展，城乡融合发展体制机制更加完善，全省小城镇高质量全面建成美丽城镇。

②洛舍镇美丽城镇重点任务。重点实施浙江省美丽城镇提出的"五美·十个一"工程，分别是环境美、生活美、产业美、人文美、治理美。"十个一"是指建设"十个一"标志性工程，包括两道、两网、四场所和四体系，分别是一条快速便捷的对外交通通道、一条串珠成链的美丽生态绿道、一张健全的雨污分流收集处理网、一张完善的垃圾分类收集处置网、一个功能复合的商贸场所、一个开放共享的文体场所、一个优质均衡的学前教育和义务教育体系、一个覆盖城乡的基本医疗卫生和养老服务体系、一个现代化的基层社会治理体系和一个高品质的镇村生活圈体系。具体包括如下内容：

a.实施设施提升行动，实现功能便民环境美。深入推进小城镇环境综合整治和"三改一拆"行动，持续整治环境卫生、城镇秩序和乡容镇貌。建设园林城镇、森林城镇、森林乡村，推进"一村万树"行动。倡导以公共交通为导向的开发（Transit-Oriented-Development，TOD）模式，积极推进各类交通方式"零换乘"接驳，优化路网结构和交通组织，增加停车泊位供给，完善近距离慢行交通网，建设智能交通系统，推进城乡客运一体化，构建外联内畅、便捷有序的交通体系，加快建设"四好农村路"和美丽公路。全面提升供水水质，保障供水安全，因地制宜推进城乡生活污水治理，加快建制镇雨污分流改造和"污水零直排区"建设。完善生活垃圾分类处理体系，加强垃圾投放、收集、运输和处置系统建设；倡导海绵城市建设理念，推行下沉式绿地；推进"厕所革命"，改造提升农村厕所、旅游厕所；加强防洪排涝能力建设，保障防洪安全。坚持多用数据、少用资源，加快网络设施数字化迭代，积极推广民生领域服务现代信息技术应用，加强城镇管理数字化平台建设，推进"城市大脑"向小城镇延伸。推进"雪亮工程"建设，加快形成城乡一体的公共安全视频监控网络。

　　b.实施服务提升行动，实现共享乐民生活美。有序开展镇中村、镇郊村改造，城镇建成区严格控制新建单家独户的农民自建房。加强农房设计和建设管理，推进"坡地村镇"建设，打造浙派民居。加大星级农贸市场和放心农贸市场建设力度，提升发展专业市场。培育和引进品牌连锁超市，完善图书馆、社区文化家园、文体综合服务中心、电影院、绿道、体育场馆等公共文体设施。全面推进农村学校与城区学校组建城乡教育共同体，提高教育信息化应用水平，促进教育均等化。加快构建城乡全覆盖、质量有保证的学前教育公共服务体系，引导和支持民办幼儿园提高办园质量。大力发展城乡社区教育、老年教育，倡导终身学习新风尚。加快居家养老服务中心建设，扩面与提升并举。发展智慧养老服务，提升居家养老服务能力，

洛舍镇卫生院

鼓励发展社区嵌入式养老服务，推进医养结合、康养服务。鼓励家政、护理等机构进社区。

　　c.实施产业提升行动，实现兴业富民产业美。依法依规整治以"四无"为重点的"低散乱"企业或作坊，强化市场倒逼，引导农村地区的企业或作坊区域集聚化、生产清洁化、管理规范化。统筹城乡产业布局，推进镇域产业集聚，高质量推进钢琴特色小镇建设。深化"亩均论英雄"改革，完善激励与倒逼机制，建设提升钢琴众创园、双创园，引导特色企业入园集聚。强化产镇融合，因地制宜培育多元融合主体，发展多类型融合业态，推动镇村联动发展。加快提升传统产业，提高现代农业发展水平。优化营商环境，支持乡贤回归创业。

钢琴众创园

　　d.实施品质提升行动，实现魅力亲民人文美。注重文明传承、文化延续，保护好城镇格局、街巷肌理和建筑风貌。强化历史文化资源保护传承与科学利用，保护古遗址，整治老街区，修缮老建筑，改造老厂房，利用一批传统村落，培育一批乡土工匠，延续历史文脉。加强各类非物质文化遗产的挖掘与传承，打造一批非物质文化遗产体验项目，推进地名文化保护，展示人文内涵。全面落实基本公共文化服务标准，推进公共文化设施免费开放，积极组织开展以社区为单元的群众性文化活动，实现常住人口公共文化服务全覆盖，体现人文关怀。实施城镇有机更新行动，采用微改造、微更新方式，推进城镇物质更新与功能更新，全面提升人居环境品质。注重整体风貌设计，建设一批建筑精品，塑造具有传统风韵、人文风采、时代风尚的特色风貌。以绿道等慢行通道为主线串联整合各类开敞空间，打造蓝绿交织、水城共融的优美环境。大力推进老旧小区改造，完善配套设施，积极发展社区养老、托幼、医疗、助餐、保洁等现代生活服务业。引导建设功能复合、便民惠民的邻里中心，加快构建舒适便捷、全域覆盖、层级叠加的镇村生活圈体系。推动文化旅游配套服务体系建设，完善多层次、范围广、智能化的旅游服务设施。

赵公祠

赵孟頫管道昇艺术馆

赵孟頫墓地

e.实施治理提升行动，实现善治为民治理美。以环境卫生、城镇秩序、乡容镇貌管控为重点，制定实施小城镇环境风貌长效管控标准。建立城乡基

文化创意街区

钢琴博物馆

东衡游客中心

中国农民第一藏书楼

础设施一体化规划、建设、管护机制。推进新时代文明实践中心试点工作，建立乡镇新时代文明实践所。加强社会工作人才队伍建设，以志愿服务为基本形式开展理论宣讲进农家、核心价值观普及、优秀传统文化滋养、移风易俗、邻里守望帮扶五大行动，不断提升公民文明素养和社会文明程度，建设文明村镇。坚持发展新时代"枫桥经验"，深入开展美好环境与幸福生活共同缔造活动，以党建为引领推动自治、法治、德治融合发展，构建共建共治共享的社会治理格局。以"最多跑一次"改革为统领，深化"基层治理四平台"建设，推进基层综合行政执法改革，加强基层站所建设，发挥乡镇服务带动乡村作用，促进基层社会治理体系和治理能力现代化。

新村建设

村民宅前屋后整治

4.实施路径

（1）双创引领低小散产业改造提升。

①总体要求。按照浙江省制造业高质量发展示范县创建工作要求，以优化资源要素配置和产业结构升级为主线，坚决打破制约工业经济发展的条条框框，在统一科学规划布局的前提下，通过拆除改造一批、"退二优二"一批、关停淘汰一批、择优引进一批等措施，依法有序推进洛舍镇杨树湾工业区整体改造的提升，清理整顿"低、散、乱、污"企业，盘活提升闲置低效工业用地，不断提升亩产效益，增强发展动能，形成布局合理、产业集聚、特色鲜明、功能配套的工业平台新格局。在2021年年底前已基本完成对杨树湾工业区整体改造提升，园区企业建筑容积率达到2.0以上，亩均税收达到30万元以上，产业水平得到明显提升，经济效益得到明显提高，园区环境得到明显改善。

②主要措施。一是坚持规划引领，科学合理编制洛舍镇杨树湾工业区改造提升方案和产业空间布局规划，优化园区产业发展环境，提高园区平台能级。对新项目的引入进行严格把关，按照不低于"标准地"项目的要求严控项目准入，严格实施项目预评价，把好投资强度、亩均产出等关键指标准入关，择优引进一批产业层次高、科技含量高、亩均产出高的先进制造业项目，提升园区产业层级。二是创新改造模式，包括政府回收改造模式，依法

收回土地权属属镇、村的土地，通过统一规划、统一改造；企业自行改造模式，按照县相关支持政策，鼓励工业用地所有人自行或者联合其他工业用地所有人对已取得合法产权的地块，按照统一规划进行改造提升；第三方改造运营模式，引进第三方专业产业地产运营机构对老旧工业园区和高能耗区域进行产权收购、统一规划、改造提升，验收通过后对已改造厂房土地实施整体运营。三是关停淘汰一批，深入推进"低、散、乱"企业整治，严格执行环保、消防、安全等各项标准，对产业层次低、亩均产出低、环保不达标、存在消防安全隐患及违章建筑违法用地的企业，强化执法检查，2020年6月30日前依法依规关停淘汰一批，倒逼低端产业退出，腾出发展空间。四是规范入园一批，对企业发展形势好，产品市场有一定竞争力的，通过"自由组合式"资源整合，推动"个转企""小升规"工作有序开展，促使一批企业"个转企、小升规"集聚规范准入园区，推进企业规模化、集聚化发展，2020年12月前，基本完成产业规范入园工作。五是整合提升一批，对建筑容积率低、厂房设施陈旧的企业实施拆除改造，对厂房较新、容积率较高但亩均产出较低的企业实施"退二优二"，通过拆除重建、改扩建、加层改造等措施，提高建筑密度及容积率，充分提升土地利用效率，促进产业转型升级。加强园区基础设施改造提升，提高园区项目承载力。六是培大育强一批，鼓励中小微企业融入大企业产业链、配套链和大市场，通过资源整合、产品优化、品牌联姻等方式，做强企业、做大规模，培育一批2000万元、5000万元、1亿元规模以上企业，提升市场竞争力，推动"规改股""股上市"工作有序开展，形成行业示范效益。

（2）农村集体经营性建设用地入市促进资产盘活。

①总体要求。通过农村土地民主管理工作，突出农村农民主体地位，充分发挥村级组织管理农村土地的主动性、积极性和责任心，促进农村土地布局优化、多规融合、宅基地规范管理、节约集约利用、耕地有效保护和违法用地有效控制，夯实农村土地基层管理基础，推动建立符合我县经济社会发展实际的农村土地长效管理机制。

②主要措施。一是建立农村土地民主管理决策机制。全县各行政村要建立农村土地民主管理制度，成立土地民主管理工作领导小组，小组成员一般由村党组织书记、村主任等3～5人组成。结合村规民约修订来完善土地管理，做好村务公开，确保村庄规划和土地利用规划编制、宅基地安排

管理、违法用地处理、集体经营性建设用地入市等工作的透明度和公众参与度，充分发挥村民自治组织作用，建立符合农村实际的长效土地管理机制。规范土地民主管理决策程序，村级组织应将农村村民建房管理、设施农用地管理、违法用地管控、集体经营性建设用地入市等农村土地管理工作纳入村级土地民主管理决策范围。对于农村建房审批、设施农用地管理审批等一般事务的，每月应定期商议一次。涉及违法用地管控，需及时处理的，可以以村三委会"一事一议"的形式立即作出决策。涉及规划调整、土地开发复垦实施、集体经营性建设用地入市等重大事项时，须按《村民委员会组织法》《浙江省村经济合作社组织条例》，召开村民代表大会或户主会议进行决策，到会成员占应到会成员的三分之二以上，且应到会成员的三分之二以上通过方有效。民主决策后作出的决定应当在村务公开栏进行公示，公示结束后予以实施。二是配套完善农村土地民主管理制度。完善农民建房审批程序，进一步简化农民建房报批程序，将农民建房审批权下放到乡镇人民政府，审核权进一步下放到行政村。各行政村要发挥好村级自治和民主管理职能，要严格按照德清县人民政府《关于进一步加强农村建房管理的意见》（德政发〔2013〕58号）文件要求执行，做到"公正、公开、公平"。村民建房民主决策审核通过后，要及时报乡镇完善书面审批手续，涉及农用地的需报国土资源部门先行办理农转用审批手续。其中，占用林地的先报林业主管部门办理占用林地审核手续，村镇建设办和国土资源所要做好指导工作。规范农村建房管理秩序，严格执行"一户一宅、拆旧建新、面积法定"规定，进一步规范宅基地审批管理；引导农民建房充分利用现有宅基地、村内空闲地、低丘缓坡等非耕地土地资源，促进宅基地的节约集约利用；合理安排农村宅基地布局，协调处理好村内农民建房选址和土地调整，确保村民建房遵守土地利用规划和村庄规划；统筹兼顾村民建房需求，合理安排建房时序，优先解决无房户、危房户的建房需求；加强西部山区切坡建房管理工作，防止地质灾害发生。建立违法用地快速处置机制，各行政村应积极发挥村民小组长、村民的作用，发动村民共同参与违法用地监管，掌握第一手的土地违法信息，主动帮助村民协调解决有关用地矛盾和纠纷，及时发现和快速制止各类违法用地。要加强农民建房批后监管，从砌基到竣工要定期进行检查，发现问题及时跟踪处置，村委会要确定每个自然村至少有一名巡查人员，将实时动态情况上报到乡镇人民政府，做到"早发现，早制止"，确保"无违建"。探索宅基地管理机制创新，在兼顾农户、集体、国家三方利益的基础上，探索宅基地有偿退出机制；引导村民建房向中心村、集镇、中心镇集聚，推进宅基地跨村、跨乡镇置换；在坚持公平公正、村民自治的基础上，利用经济杠杆调节原理，探索以村规民约的方式，建立农村超标宅基地有偿使用机制。鼓励土地管理秩序良好、试点积极性高的行政村，在广泛征求村民意见的基础上，可申请先行开展试点，为全县面上推开提供经验。三是建立村级土地民主管理考核机制。完善监督管理和考核机制，建立农村土地民主管理考核机制，每季度各乡镇应会同国土资源部门人员对各行政村土地民主管理情况进行检查考核，并将检查结果作为年度评分考核的依据。

（3）全域土地综合整治促进一二三产业融合发展。

①总体要求。以习近平新时代中国特色社会主义思想为指导，围绕农业农村现代化、城乡融合发展和生态文明建设总目标，按照产业兴旺、生态宜居、乡风文明、治理有效、生活富裕的总要求，通过实施全域土地综合整治与生态修复工程，创新土地制度供给和要素保障，优化农村生产、生活、生态用地空间布局，形成农田连片与村庄集聚的土地保护新格局、生态宜居与集约高效的农村土地利用空间结构，促进乡村振兴，助推全省"两个高水平"建设。按照山水林田湖草系统治理的理念，进行全域规划、全域设计、全域整治，对田水林路村进行全要素综合整治，建成农田集中连片、建设用地集中集聚、空间形态集约高效的美丽国土新格局。2020年，全省在国务院确定的重点城市中心城区范围之外，实施了500个以上全域土地综合整治与生态修复工程。其中，2018年启动实施100个以上。

②主要措施。一是编制村土地利用规划，对开展全域土地综合整治与生态修复工程的乡村，乡镇政府（街道办事处）要结合乡村建设规划、新农村建设规划、村庄布点规划和水土保持规划等，编制村土地利用规划，作为开展全域土地综合整治与生态修复工程的规划依据。在编制村土地利用规划中，要准确把握乡村特色、地域特征、农村实际、发展现状和功能定位，因地制宜做好总体设计，合理划定农业生产、村庄建设、产业发展和生态保护等功能分区。二是开展农用地综合整治。适应发展现代农业和适度规模经营需要，统筹推进高标准农田建设、旱地改水田、耕地质量提升、宜耕后备资源开发以及农田基础设施建设等工作，在优化耕地布局、增加耕地面积的

同时，提高耕地质量和连片度，为农业适度规模经营和发展现代农业创造条件。三是推进闲置浪费、低效利用建设用地整治，按照"亩均论英雄"的理念和土地节约集约高效利用的要求，推进存量建设用地整治利用，优化用地结构和布局，统筹农房建设、产业发展、公共服务、公益事业、基础设施、生态保护等各项用地。充分利用城乡建设用地增减挂钩政策，有计划开展农村宅基地、工矿废弃地以及其他存量建设用地复垦，合理安排新建区块，为农村一二三产业融合发展和城乡统筹发展提供土地要素保障。在建设用地整治中，注重保护好历史文化（传统）村落、传统建筑、街巷空间等。四是统筹推进生态环境整治修复。统筹推进村庄建设用地整治、各类违法建筑违法用地整治、废弃矿山整治、人居环境整治和美丽清洁田园建设，加快农村治危拆违和基础设施提档升级，推动生产、生活、生态空间优化，促进生态文明建设。开展生态环境整治修复工程，保护水源涵养地，维护生物多样性，改善农村生态宜居环境。五是建立农村土地民主管理机制。按照乡风文明、治理有效的要求，建立和完善村级组织自主管理、自主服务、自主教育、自主监督的农村土地民主管理机制。在实施全域土地综合整治与生态修复工程中，有关村土地利用规划草案、整治项目方案、建设用地规划选址、新农村建设、整治工程实施、土地权属调整、土地指标调剂和收益分配等直接涉及农民合法权益的事项，依法听取农民群众意见，保障农民的知情权、参与权、表达权和监督权，真正做到农民愿意、农民满意。

二、江苏省常熟市海虞镇

1. 乡镇概况

海虞镇位于江苏省苏州市常熟北部、望虞河畔，北依长江，东西与国家一类口岸常熟港和张家港相邻，紧靠上海、苏州、无锡，位于"苏锡常"1小时，上海、嘉兴2小时的交通圈层内，受长三角主要城市的功能辐射。沿江高速公路、国道346贯穿境内，设有高速互通道口；沪通铁路、南沿江高铁从镇域南侧经过，在常熟北设站。区域地理位置优越，水陆交通便利，是苏南地区典型的产业强镇。全镇总面积108.66平方千米，下辖两个办事处、一个农场、17个行政村和5个社区，户籍人口约9万人，外来人口约5万人。

海虞镇属于典型的苏南模式，工业起步于以镇、村集体为单位的乡镇企业，从企业原料、技术来源、产品走向来看，经济发展得益于临近上海的良好区位和较好的经济基础。20世纪90年代后，企业市场运作程度大大提高，镇域经济逐渐向开放型转化，投资主体、经营方式、销售市场渐趋多元化。同时，镇域工业企业分散经营、各自为政的现象仍然较为严重。相对镇区而言，各行政村所具备的廉价土地、劳动力以及社会网络对企业更具吸引力，政府对行政村的招商引资工作也提出了较高的要求，客观上推动了新办企业选择落户在各行政村。

海虞镇服装名牌众多，被费孝通先生赞为"服装之乡、衣被天下"；红木雕刻工艺精湛，被誉为"东方艺魂"。目前已初步形成了服装纺织、化工新材料、冶金机械、轻工电子、红木家具五大产业体系。全镇拥有各类企业数千家，其中规模以上企业达170多家。常熟三爱富氟化工有限责任公司、江苏秋艳集团、常熟市台板厂、常熟市汪桥实业有限公司、常熟市虞东化工厂等一批骨干企业已成为带动全镇经济发展的龙头。近几年来，围绕苏南模式升级再发展，海虞积极适应新时代的发展形势，主动转型升级，新材料、生物医药、汽车电子、商贸物流等新兴产业得到了培育发展。

产业基础

海虞镇是典型的江南水乡城镇，境内河网纵横密布，望虞河、福山塘等重要水体穿境而过，北滨长江、拥有约8.7千米长江岸线。城镇有2700多年的文明史，自西晋太康四年（公元283年）立海虞县，隶属吴郡，因境内东临沧海，故名海虞。至1999年6月21日，撤销王市、福山、周行三镇建制，以原三镇行政区域设立海虞镇，镇名以古县名得名。1999年6月23日，国营常熟市棉花原种场成建制隶属海虞镇。海虞境内古有山体七座（现存铜官山、殿山、西山），被称为"蓬岛仙家"，其中铜官山麓是古常熟城的县治所在地。特色的自然环境与丰厚的人文底蕴也为海虞城镇的发展提供了扎实的动力。

海虞镇先后荣获全国重点镇、全国环境优美镇、国家卫生镇、全国小城镇建设示范镇、全国创建文明村镇工作先进镇、全国发展改革试点小城镇、全国第一批试点示范绿色低碳小城镇、中国苏作红木家具名镇、中国苏作红木产业转型升级试点镇、中国产学研合作创新示范镇等18个国家级称号和21个省厅级称号。城镇产业特色突出，境内的江苏常熟新材料产业园是国家火炬计划常熟高分子新材料产业基地、江苏省科技型产业园；这里聚集着世界六大氟化工行业巨头中的4家，已成为"全球最大的快速成长型氟化学工业园区"。

海虞镇荣誉证书

常熟新材料产业园

2.特色小城镇与特色田园乡村建设模式

海虞镇的小城镇建设模式属于特色小城镇与特色田园乡村建设模式。特色小（城）镇包括特色小镇、小城镇两种形态。2015年12月24日，习近平总书记批示号召全国学习浙江建设特色小镇的经验，使浙江特色小镇正式成为全国热点话题。但是"特色小镇"概念并不是浙江省首创，早在此之前全国已有包括北京、天津、黑龙江、云南、江西和安徽等多地提出打造特色小镇，与浙江特色小镇的概念内涵不同，是以建制镇行政边界为基础、围绕其自身职能定位自上而下提出的。

2016年7月1日，住房和城乡建设部、国家发展改革委、财政部联合发布通知，提出在全国范围开展特色小镇培育工作，提出到2020年培育1000个左右各具特色、富有活力的休闲旅游、商贸物流、现代制造、教育科技、传统文化、美丽宜居等特色小镇，引领带动全国小城镇建设。特色小城镇成为以传统行政区划为单元，特色产业鲜明、具有一定人口和经济规模的建制镇，是推进供给侧结构性改革的重要平台，深入推进新型城镇化的重要抓手，有利于推动经济转型升级和发展动能转换，有利于促进大中小城市和小城镇协调发展，有利于充分发挥城镇化对新农村建设的辐射带动作用。

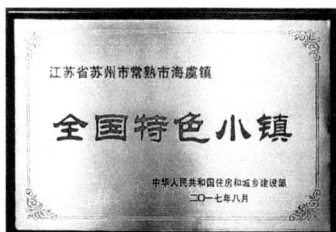

海虞全国特色小镇授牌

江苏省特色田园乡村建设是实施乡村振兴战略的江苏实践。2017年6月20日，为深入贯彻中央关于城乡建设和"三农"工作的决策部署，江苏省委省政府决定启动江苏省特色田园乡村建设，并印发《江苏省特色田园乡村建设行动计划》；6月28日，江苏省政府办公厅印发《江苏省特色田园乡村建设试点方案》（苏政办发〔2017〕94号），并召开试点启动大会；7月省组织试点候选地区编制规划设计方案和工作方案；8月7日和10日组织专家分江南片和江北片进行评审。立足于江苏乡村实际，围绕打造特色产业、特色生态、特色文化，塑造田园风光、田园建筑、田园生活，建设美丽乡村、宜居乡村、

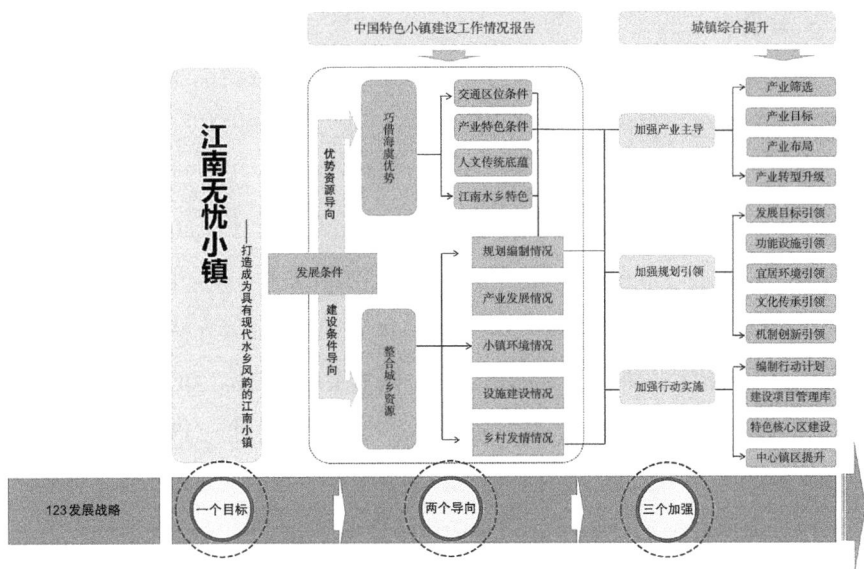

海虞镇全国特色小镇发展战略

活力乡村，展现"生态优、村庄美、产业特、农民富、集体强、乡风好"的江苏特色田园乡村现实模样。至2020年年底，通过省级试点示范和面上创建，全省已完成三批次、324个省级特色田园乡村创建。江苏特色田园乡村建设行动，是乡村建设行动的先行探索，也是乡村振兴战略实施的有效实践。

苏州市深入贯彻省委、省政府重大决策部署和创新实践、着力提升苏州社会主义新农村建设水平、将开展特色田园乡村建设工作作为建设"强富美高"新江苏和"两聚一高"新实践和苏州乡村振兴的重要抓手。根据《苏州市特色田园乡村建设实施方案》（苏委办发〔2017〕98号）要求，苏田园办出台《关于明确当前全市特色田园乡村试点建设有关工作要求的通知》（苏田园办〔2017〕1号）、《关于明确全市特色田园乡村建设首批试点方案报送要求的通知》，明确各地在特色田园乡村试点建设的工作要求和试点建设工作方案、规划方案的要求，并积极组织特色田园乡村试点建设工作。至2020年年底，苏州市共组织4批次，75个试点村庄建设，同时结合各级政策要求，为扎实推进特色田园乡村建设实施，出台《苏州市特色田园乡村建设设计师驻村服务制度》等文件。2020年8月，江苏省委、省政府印发的《关于深入推进美丽江苏建设的意见》，将特色田园乡村建设作为"十四五"期间美丽江苏建设的重要抓手，以及美丽田园乡村建设的重点工作，提出了"到2025年建成1000个特色田园乡村、1万个美丽宜居乡村"的明确目标。

3.建设重点

海虞镇以建设"特色小镇"为发展契机，推进精致城镇建设，培育优质产业，深挖特色文化内涵，统筹城乡一体，努力把海虞建设成为产业优质、生态宜居、乡风文明、治理有效、生活富裕的"江南无忧小镇"。

（1）中新海虞花园城建设开启新型城镇化常熟样本。2013年6月9日，常熟市人民政府、苏州工业园区管委会、国家开发银行苏州分行、中新苏州工业园区开发集团股份有限公司共同签署了《政府政策支持、中新规划引领、开行融资推动，共同助推海虞创建全国新型城镇化示范的合作开发意向书》，希望借鉴苏州工业园区开发建设的成功经验，通过6～7年时间打造出一个环境优美、产业发达、宜居宜业、和谐发展的新型小城镇示范项目。

中新海虞花园城建设。其建设内容主要有便捷合理的路网系统，可达性良好的邻里绿地，城市综合体、星级酒店、尺度宜人的亲水社区等生活配套，以及5000米长的公共滨水绿带以及中央公园、带状公园等，提升居民的生活品质，同时周边配套常熟实验小学分校、海虞医院，为居民生活提供便利。

（2）加快精致城镇建设打造无忧小镇。依据《海虞镇总体规划（2010—2030）》（2019修编），加快金融一条街布局，初步形成银行、证券、保险、基金等金融业相对集聚区。加快中新海虞合作区开发，实施中央花园、中新路滨河景观带绿化工程，推进中新海虞花园城亲水公园、品质社区体系建设。实施常熟市海虞镇老镇区整治行动，整治老街老巷，传承历史文化，保护传统风貌。依托"中国苏作红木家具名镇"产业优势，打造2.3万平方米以红木为主题，集文创、书画、美食、休闲为一体的苏作红木文化旅游休闲街区。培育电商园、新天地"新零售、新经济"产业形态，叠加"十里绿环"、国际学校、邻里中心、展示中心等城市功能，展现"江南韵味"无忧小镇形象，助力"一城三园"产城融合发展。

围绕长三角一体化、高铁直达家门口、快速路通脚底下等交通便利区域新定位，着重解决交通、空间利用、基础配套等问题。在交通方面，聚力镇村路网提档升级，重点实施新世纪大道北延工程，推进人民路、向阳西路西延、迎宾路等一批道路新建、改造工程。在空间集约利用方面，重点开展房屋征收搬迁攻坚行动，推进智能制造产业园搬迁和中新地块房屋搬迁清零。在基础配套方面，聚焦"大美海虞无忧小镇"品牌实践，有序推进中心

中新海虞花园城鸟瞰图及区划示意图

镇区建设，打造中心镇区品质乐居新平台，重点建设中心路、海盛家园、海新家园、虞新天地商业综合体，引进星巴克、肯德基、屈臣氏、维也纳国际酒店、中影国际影城等业态，提供高端化的餐饮娱乐服务。

（3）优化空间布局助推乡村振兴发展。依托"生产、生活、生态"协调有序的格局规划，大力推进美丽乡村"农文旅"融合各项建设，打通镇村发展内部循环，描绘集约高效空间美图，助推全镇空间规划、公共发展、城乡融合实现良性循环。

强化镇村协调、均衡发展，全面做好农村生态宜居、设施完善、服务全面各项工作。建立健全农村基础设施管护机制，持续落实村庄"美颜"工

海虞镇镇区建设实景

程，结合美丽庭院、美丽菜园创建，做好千村美居100个自然村申报、建设工作，建设三星级康居乡村20个。落实党员干部"宅前屋后三包"示范制度、文明有礼积分制度，引导群众积极参与环境整治。优化农旅业态协同发展，建设农耕文化体验、农产品展示中心等全国农业产业强镇项目，推进省级农业产业园项目建设，争创苏州市农作物品种综合测试示范基地。

围绕全面实施乡村振兴，持续推进特色田园乡村建设，以七峰村上山巷、福山村寺前为带动，支持一批有基础、有条件的村庄积极申报创建江苏省、苏州市级特色田园乡村，推动海虞镇特色田园乡村由点及线，连线成片，抱团发展，打造精品示范片区。结合特色田园乡村建设，谋划实施中新杂交水稻科普馆、铜官山田园公园、福山田园乡村和南沙古城等一批农文旅新项目，开发全方位、高品质、深层次的户外党建团建实践活动基地。深度开发"醉美海虞"彩色生态游，打响"铜官山、平巷花海、同观山庄和螺蛳湾"等一批海虞特色农文旅品牌。

（4）高站位高起点建设产业园区。江苏常熟新材料产业园始建于1999年10月，是常熟市唯一的专业化工业园区，其前身为2001年7月江苏省政府批复成立的"江苏高科技氟化学工业园"。2006年12月，园区因氟材料产业特色突出被中国石油和化学工业协会冠名为"中国氟化学工业园"。为积极响应国家大力发展新材料产业的号召，依托园区原有产业优势、交通区位优势和政策资源优势。2008年7月，经省政府同意，常熟市委、市政府决定成立"江苏高科技氟化学工业园"党工委、管委会，并增挂"江苏常

螺狮湾

铜官山

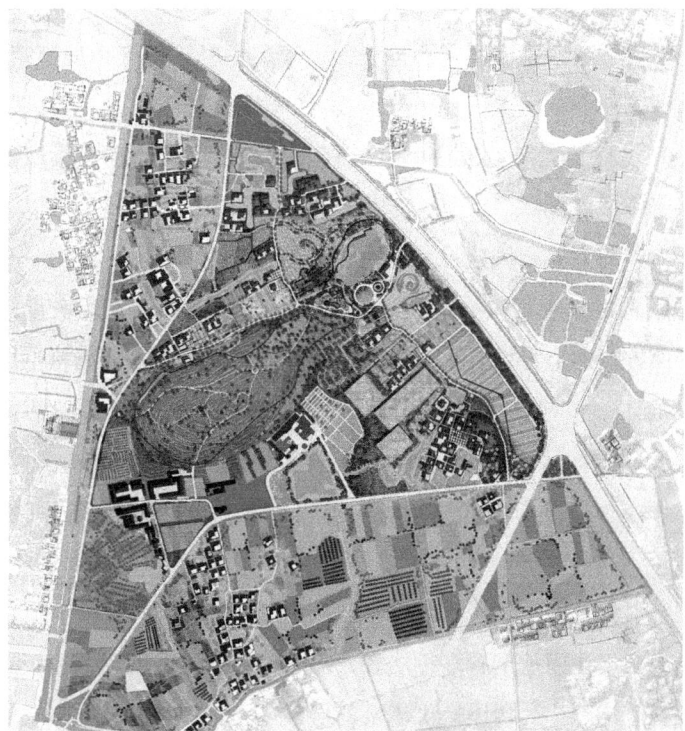

铜官山总平面示意图

熟新材料产业园"牌子，作为江苏省沿江战略的重要组成部分。园区发展依据国家产业政策，利用先进的管理模式和完善的公共设施，重点发展氟化学并以精细化工和生物医药产业为补充，特出新材料，着力打造专、精、特、强的特色化产业园；也是省内首个化工行业升级生态工业园区，形成了亚洲最大的氟材料生产及进出口基地，连续八年（2013—2020年）被中国石油和化学联合会评为"中国化工园区20强"，荣获中国石油和化工行业"绿色园区"称号。

园区规划面积15.02平方千米，依托长江黄金水道和区位优势，重点发展新材料、氟化学、精细化工、生物医药等产业，着力把园区建成国际先进、国内一流的特色园区，目前已有美国、法国、日本、比利时、中国的台湾和香港等国家和地区的近70家企业在区内投资落户。其中，位列世界500强的美国杜邦（科慕）、日本大金、法国阿科玛、比利时索尔维等国际精细化工巨头在园区的总投资达15亿美元，还有上海三爱富、瑞凯添加剂、威怡食品科技有限公司等国内外知名公司进驻。

4.实施路径

（1）创新小城镇建设模式示范引领。海虞镇将按镇级小城市定位打造，重点开发中心镇区，完善相关配套，满足今后小城市的发展需求，力争打造出一个环境优美、产业发达、宜居宜业、和谐发展的新型小城镇示范项目——中新海虞花园城。

赋予中新海虞花园城建设六新内涵。其内容如下：

一是新标准。规划首先从业态及开发量、土地利用、地块指标控制和道路横断面控制四个方面入手，以集约发展理念为海虞制定新标准，借鉴新加坡的标准体系，对原有控规的开发量进行调整。力求充分发挥中心区的用地价值。其次，从提高资金使用效率和土地集约利用出发，对各地建筑容积率、密度、高度、退线和机动车出入口等进行科学控制，增强规划的可操作性。

二是新体验。通过对容积率的研究，结合整体空间形态要求及合理的经济利益，对每块用地配置多种居住产品。避免住区空间形式过分单调，形成空间上的整体感，为居民提供丰富的居住体验。

三是新环境。注重开放空间品质的打造，提升居民的生活质量及幸福指数。通过借鉴新加坡经验，注重绿色生态，提出四级开放空间系统：中央公园—带状公园—滨水绿环—邻里公园。满足居民对都市森林视觉需求的同时结合多样的活动设施，为人们提供休憩、运动、交流、观赏、体验等休闲场所。

四是新形象。规划通过重点打造一个中心——商业服务核心，三个界面——人民路发展界面、迎宾路城市形象界面、河滨路及龙墩路生态休闲界面，结合迷人的夜景灯光，营造令人难忘的海虞新印象。

五是新文化。通过深入挖掘常熟以及海虞自身的文化，提出适合海虞发展的新城市风格，即将传统江南风格与海虞当地红木、雕刻等文化相结合的新江南风格。

六是新技术。以一种智慧的方法感测、分析、整合城市运行核心系统的各项关键信息，改变政府、企业和人们相互交往的方式，对各种需求作出快速和智能化的响应，提高城市系统的智慧水平，实现城市的可持续的健康发展。

中新海虞（常熟）新城镇开发有限公司的招牌

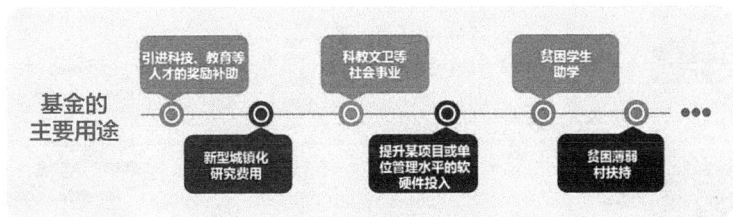

设立发展基金的用途

（2）强化特色产业，推进城镇转型发展。海虞紧扣"产业链、创新链、资金链、服务链、替代链"五大链条，以践行高质量发展理念推动经济平稳、健康、可持续发展，完善"一城三园"特色产业布局。持续推进新材料产业园、苏虞生物医药产业园绿色化、集约化、专业化建设，争创国家级绿色园区，加快园区循环化改造。

城镇建设实景

发挥全球氟产业链最长、聚集度最高的氟材料专业园区领先优势，以做精做强氟材料产业为重点，进一步提升含氟聚合物三大系列产品优势，加快发展氟化工下游附加值高的含氟新材料产业。进一步壮大生物医药产业，重点引进制剂及高端原料药一体化生产项目，把创新类的生物医药产业打造成为未来的一个重要增长点。推进与中新集团的深度合作，以智能化产业为导向，以汽车零部件、高端装备制造、数控机床和机器人等主导产业为依托高标准建设智能制造产业园。引导企业积极融入互联网平台，推动纺织服装、红木产业增强创意设计能力，着力推动传统产业转型升级。推动电子商务产业园发展，做优做强以家居服供应链为优势的特色电商产业集群。围绕产业结构优化升级，紧盯产业布局质量、效益、结构等关键环节，持续拓增产业发展空间3平方千米，改建产业载体100万平方米。搭建"万企联万村、共走振兴路"村企联动发展平台，改造汪桥、徐桥、棉花原种长、苏作红木

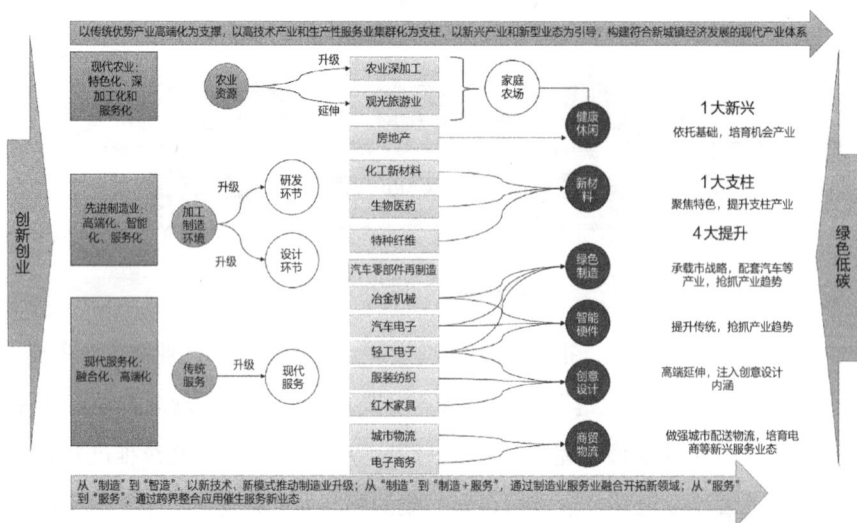

海虞新城镇经济发展的现代产业体系

和绿色制造等特色小微园区。活用"苏州最舒心"金字招牌，持续优化营商环境，加快数字化转型、"证照分离"改革，全面打通政务服务惠企、利企、便企的"基层快速路"。

（3）借力政策，加快打造特色田园乡村样板。江苏省特色田园乡村建设围绕"特色、田园、乡村"3个关键词，致力打造特色产业、特色生态、特色文化，塑造田园风光、田园建筑、田园生活，建设美丽乡村、宜居乡村、活力乡村，旨在挖掘中国人心底的乡愁记忆和对桃源意境田园生活的向往，重塑乡村魅力，带动并吸引资源、人口等要素回流乡村，从而推动乡村综合振兴，最终呈现"城市让生活更美好，乡村让城市更向往""城乡融合、美美与共"的美好图景。

江苏特色田园乡村建设坚持政策引领，问题与目标双导向，从实际出发，合力推动乡村全面发展，努力呈现新时代乡村振兴的现实模样。从省、市到县、乡镇各层面成立特色田园乡村建设专班，并出台相关文件，指导各地特色田园乡村建设的申报与实施。省政府成立由15个部门组成的特色田园乡村建设工作联席会议为主导，统筹全省特色田园乡村建设工作。同时江苏还组织编制《江苏地域传统建筑元素手册》《乡村营建优秀案例集》等技术指南，建立了设计师驻村服务制度，汇编形成《特色田园乡村设计师手册》供地方遴选等切实举措，为地方在推动特色田园乡村建设提供宏观指导和技术标准。

海虞镇围绕"大美海虞无忧小镇"品牌，积极推进城乡统筹发展，扎实推进农村美行动，在推动苏州三星级康居村庄建设的同时，至2018年开始推进三批次6个特色田园乡村试点建设，已经完成七峰村上山巷和福山村寺前两个村庄的省级验收工作，获评"苏州市特色田园乡村建设先进集体"，并顺利承办2020年苏州市中国农民丰收节活动。

苏州市中国农民丰收节

（4）强化规划引领作用，有序推进各项建设。规划谋划以点带面、以局部向整体、以重点向全域逐步推进的建设思路，在镇域层面从特色资源、典型乡村、形象展示以及重要界面空间等要素考虑，建立"示范点—示范带—示范片"三级示范体系。

①示范点：结合优势资源打造，旨在以点带面，主要由传统村落山巷村、自然景点铜官山、文化设施福江禅寺以及重要建筑小镇客厅组成，主要建设内容包括设施建设、环境绿化、文化植入、环境整治、标识标牌、景观节点、休闲游憩设施等方面。

②示范线：对于资源分布相对集中的福山片区，通过串点成线，打造七峰精品旅游带，提升乡村地区活力，主要建设乡村休闲旅游、乡村农事体验等内容。

③示范片：在中心镇区选取近4平方千米的老镇区作为综合环境整治示范区，重点以镇容镇貌提升、环境卫生整治和城镇秩序管理等内容为主。

三、山东省利津县陈庄镇

1.乡镇概况

陈庄镇位于东营市利津县东北部，南靠黄河。境内有济东高速、荣乌高速、东营港疏港高速穿过，是胜利黄河大桥和东营黄河大桥的桥头堡，具有良好的区位优势和交通便利条件，是通往京、津、唐地区和山东半岛城市群的重要交通枢纽，素有"黄河尾闾，中枢重镇"之称，是全国重点镇、全国发展改革试点城镇、国家级生态镇、山东省中心镇、省"百镇建设示范行动"示范镇、全省唯一的县域副中心规划试点镇、东营市扩权强镇试点镇，全镇总面积为226.93平方千米，人口约5.6万，共辖95个行政村。陈庄镇位于胜利油田腹地，矿产资源丰富，涉及三大类七个矿种。其中，石油、天然气是优势矿产。黄河穿境而过，万亩芦苇荡天然芦苇丛丛，水波浩淼，野鸭成群，景色壮观，震慑人心，与黄河故道一起构成了壮阔雄伟的自然景观。

陈庄镇为打造高质量建设县域副中心，全面贯彻落实习近平生态文明思想，坚定践行"绿水青山就是金山银山"理念，坚持"生态立镇、环境优先、绿色发展"的定位，抢抓新旧动能转换综合实验区建设、第一批省级"绿水青山就是金山银山"实践创新基地等重要战略机遇，围绕"高质量发

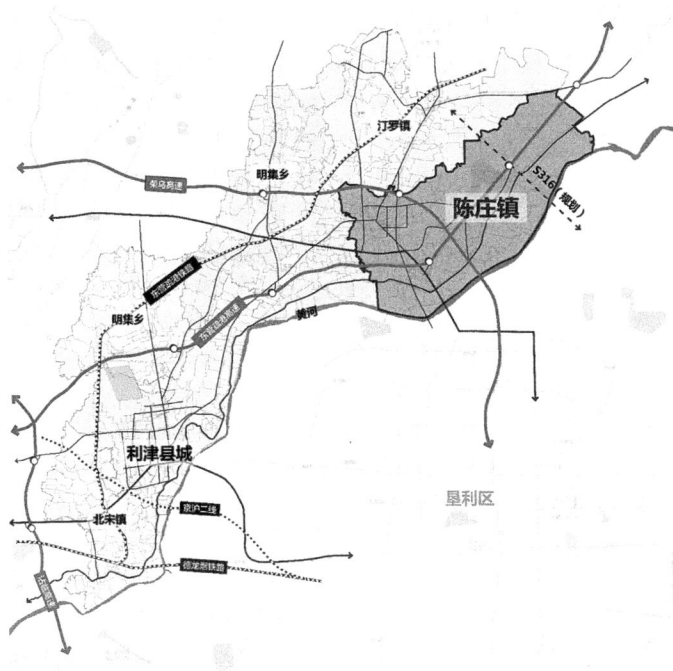

陈庄镇区位交通示意图

展"主线，以创建生态宜居城镇为目标，以发展循环经济为抓手，聚焦"乡村振兴样板、循环产业园区、宜居田园新城"三大重点领域，不断推动"工业强镇、商贸兴镇、生态立镇"建设，打造天蓝、地绿、水清、人和的绿色生态家园。2020年，陈庄镇被认定为省级农业产业强镇；2021年，入选首批省级"绿水青山就是金山银山"实践创新基地名单。

（1）循环经济产业园区。其总面积为5.03平方千米，基础设施累计总投资近5亿元，园区内路网、排水、电、通信、绿化全部配套，建有污水处理规模达3万立方米/天的污水处理厂一座。目前陈庄镇有规模以上企业56家。其中，工业企业18家；房地产建筑企业10家；批零住餐企业和个体户28个。产业体系按照"减量化、再利用、资源化"的原则，初步形成了再生资源循环利用、绿色化工、农副产品加工、节能环保和仓储物流五大产业框架。

（2）乡村振兴战略和现代农业。陈庄镇以种植、养殖形成一定的特色，拥有临合蜜甜瓜、新胜梨、新兴苹果、黄河口酒、金河滩大米等知名产品，东营一大早乳业、新发农牧、恒业绿洲等农业企业远近闻名。农业发展以沿黄现代农业产业带为重点，抢抓黄河流域生态保护和高质量发展重大国家

陈庄镇的循环经济产业园

战略部署、省级乡村振兴示范区建设机遇，规划沿黄"一带三区"布局，即1333.33公顷林果、瓜果种植基地、2666.67公顷有机水稻等绿色无公害食品种植基地和1333.33公顷优质粮棉种植基地，以产业化、品牌化、智慧化的方式，推动全镇乡村振兴提质增效，不断激发农业农村发展新活力。其中，2019年启动建设的陈庄现代农业产业园，累计投资1.08亿元，共建设高温大棚117个，玻璃幕大棚两个，配套智能化生产设施。

陈庄镇的现代农业基地

（3）城镇建设情况。围绕"荻花小镇"省级特色小镇建设，根据特色小镇内涵和陈庄镇镇区现状，以投资2.3亿元的荻花湾核心区建设项目为重点，加速推进基础建设，完善服务配套，实施城镇品质提升"六大工程"，重点统筹实施镇区立面改造提升、城区供暖保障、管道改造等，进一步发展商贸业，不断提升城镇管理水平和承载能力。

2.重点镇与沿黄乡村振兴示范模式

陈庄镇的小城镇建设模式属于重点镇与沿黄乡村振兴示范建设模式。为贯彻落实黄河流域生态保护和高质量发展以及实施乡村振兴两大国家战略，加快打造具有东营特色的沿黄乡村振兴齐鲁样板，东营市提出建设沿黄

陈庄镇城镇风貌

乡村振兴示范带的战略部署，范围涉及东营区、垦利区和利津县，重点包括东营区的龙居镇、牛庄镇，垦利区的垦利街道、郝家镇、董集镇、胜坨镇、永安镇和黄河口镇，以及利津县凤凰城街道、利津街道、北宋镇、盐窝镇和陈庄镇，辖766个行政村，总人口60.1万。其中，农村人口约42.81万。

在保护沿黄生态的基础上，推进沿黄乡村振兴示范带建设，坚持农业农村优先发展，牢牢抓住黄河流域生态保护和高质量发展上升为重大国家战略的历史机遇，发挥沿黄产业和生态优势，以一二三产业融合发展为路径，大力发展现代高效农业，紧密结合沿黄生态特点和农村传统特色，按照"生产美产业强、生态美环境优、生活美家园好"的要求，聚集农业先进要素，建设现代高效农业发展示范区、生态旅游示范区、城乡融合发展示范区，精心描绘"高质量发展、高品质生活、高水平治理"的东营版"富春山居图"，将沿黄区域建设成为现代农业创新的展示窗口、生态优先绿色发展的示范窗口和城乡融合发展体制机制改革的创新窗口。

统筹推进生态、产业和城乡融合，提出"一带引领、两岸协同、三轴共建"的总体布局，黄河两岸沿线将形成特色产业集聚、生态风光秀美、滩区村和房台村等特色村落镶嵌、产业、生态和农村融合发展的黄河下游国家风景廊道。以"自驾车车道+骑行道+步行道"三道合一的交通廊道为核心，围绕"十百万"工作展开。陈庄镇所在区段重点打造"果蜜稻香"，以万亩临合蜜瓜果种植区和万亩黄河口大米水稻田为基础，打造数字水稻，围绕陈庄临河乡村振兴示范片区，将甜蜜果香与农园情怀作为建设主题。结合现代

陈庄镇的黄河口水稻与"临合蜜"种植基地

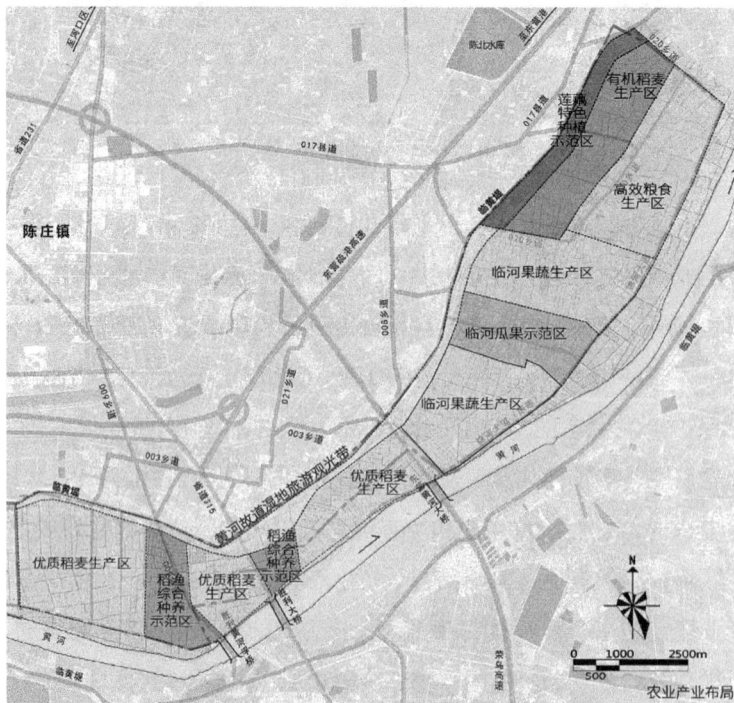

陈庄镇的黄河滩区农业布局

农业产业园建设，发挥全域土地综合整治试点镇的先锋示范作用，破解要素制约的"瓶颈"束缚。加强黄河口镇农旅融合，积极承接黄河口生态旅游区旅游功能外溢和农旅产业。

3.建设重点

陈庄镇以高质量建设县域副中心为目标，以争创"乡村振兴齐鲁样板示范区""首批山东省再生资源示范产业园""省级'绿水青山就是金山银山'实践创新基地建设"等工作为重点，聚焦"乡村振兴样板、循环产业园区、宜居田园新城"三大重点领域。根据《利津县沿黄乡村振兴示范带发展规划》，陈庄镇定位为"立足高效设施农业规模优势，继续发挥县域副中心的资源吸附优势，北部以镇区为中心，突出循环产业示范园、乡村振兴齐鲁样板示范区、美丽宜居乡村建设三项重点，构建新型城乡关系；南部以临河现代农业产业园为载体，重点建设黄河口水稻和'临合蜜'种植基地，打造智慧水稻、高效农业示范。"

（1）省级"绿色青山就是金山银山"实践创新基地建设。2015年3月，"坚持绿水青山就是金山银山"写入《关于推进生态文明建设的意见》。2017年10月，党的十九大报告提出"必须树立和践行绿水青山就是金山银山的理念"。2018年，国家发展改革委和生态环境部分别推动开展生态产品机制实现机制试点和"两山"实践创新基地建设，推动"绿水青山就是金山银山"理念在实践层面落地。山东省出台了一系列政策文件，指导和鼓励各市、县（区）、乡镇开展生态文明建设示范区和"绿水青山就是金山银山"实践创新基地建设。

陈庄镇"绿水青山就是金山银山"实践创新基地是贯彻落实沿黄乡村振兴示范带的具体时间，实现陈庄镇生态和经济良性发展的根本路径。重点在加强自然生态空间用途管控，通过提升生态环境质量，彰显陈庄镇绿色形象，大力推进生态建设工程，提升生态系统服务功能等提高生态产品供给能力；坚持绿色高质量发展，打造"两山"文化品牌，结合"旅游富民"三年行动计划，发展全域旅游，以农业绿色建设推动农业可持续发展，以科技创新为驱动推进"智慧农业"发展，以园区化建设为平台推进质量农业发展，全力推进沿黄乡村振兴示范带建设；深化制度改革，重点建立目标责任制和评估考核机制、生态环境保护机制、"绿水青山"价值评估核算机制等推动"两山"转化；加强交通设施建设，着力打通"绿水青山"与"金山银山"之间的双向通道，发挥生态优势，找到生态与经济的黄金分割点，加强企业与地方合作，推动生态产品价值实现多元化，加强品牌建设，提升产品质量形象等，探索转化有效路径，形成特色转化模式。一是加大环境治理力度。全面推动省级"绿水青山就是金山银山"实践创新基地建设，突出抓好中央和省市县生态环保督查问题整改，继续推进垃圾分类试点镇创建、人居环境综合整治等工作，加强农村改厕、生活垃圾处理和农业面源污染治理，基本建成城乡生活垃圾分类系统，农村黑臭水体基本消除，让群众享有更多的绿色福利、生态福祉。二是加大生态修复力度。持续实施生态环境修复、滩区旧村台改造提升等工程项目，实现绿色生态发展。以村容村貌提升为主攻方向，实施临河片区村庄景区化工程，推进村庄绿化美化，建设街头小品、文化墙和庭院微景观。巩固实施沿黄滩区生态湿地暨临黄堤生态长廊项目，构筑水网相连、水系相通、水脉相承的生态水系，形成生态修复、经济效益相融合的发展模式。三是加大节能减排力度。强化大气污染联防联控联治机制，狠抓秸秆禁烧、扬尘治理，大力推进秸秆综合利用。抓好工业企业清洁生产和超低排放改造，淘汰落后产能，大力推广节能新技术、新材料，积极构建绿色低碳发展模式。依托圣亚生物燃气、龙净环保等龙头企业，积极发展循环经济和节能环保产业。

（2）市级现代农业产业园和产业融合项目建设。

①陈庄镇现代农业产业园。为落实沿黄乡村振兴示范带建设要求，结合陈庄镇全域土地综合整治试点和省级乡村振兴示范片区的建设要求，重点发展数字水稻、叶菜和"临合蜜"特色瓜果优势种植产业，按照"生产+加工+品牌营销+科技"，初步形成了主导产业特色鲜明、农业设施装备先进、农业生产绿色高效、品牌营销灵活多样、农民利益联结紧密的发展格局，协同盐窝镇现代农业产业园共同创建省级现代农业产业园，重点打造十里荷香特色农业园、欢乐农业体验园等优质果蔬种植基地和黄河口数字水稻种植基地。

②产业融合项目建设。黄河口数字水稻产业园项目占地666.67公顷，依托恒业绿洲家庭农场，结合水稻生态种植标准化体系，应用全域数字农田管理系统，融合应用大数据、云计算、物联网、5G、人工智能等现代技术，开展生态水稻种植，打造全国首个万亩级数字农业示范基地，重点建设高标

准现代化5G智慧农业综合展厅，建设产地仓323平方米，冷库297平方米，配套电商直播等设施，实现666.67公顷数字化管理"智慧农田"的实施方案。重点打造"黄河口主粮产区生态高质量发展新模式"，完成水稻产业链优化整合，提高黄河滩区水稻产业的整体市场价值。

十里荷香特色农业园占地400公顷，建设内容包括提升荷塘月色、优质种苗繁育基地、机械化示范基地、立体种养示范基地、绿色高效生产基地。欢乐农业体验园项目占地333.33公顷，建设内容包括提升稻野怡情园、津津乐果园和精品瓜采园。精品果蔬生产示范园提升绿色果蔬高效生产基地。

农文旅融合发展，建设陈庄镇"临合蜜"田园休闲区项目，依托黄河滩区特有土质和地理环境，进行产业结构调整，种植瓜果蔬菜等高产作物，开展"临合蜜"采摘节等文化活动，吸引消费下乡，拓展农业功能、发掘乡村价值、创新业态类型，促进乡村一二三产业融合发展。

（3）省级乡村振兴示范区建设。陈庄镇临河乡村振兴示范片区主要为堰西村、堰东村、李呈村、郭屋村、集贤村、新农村、中古店一村、中古店二村、二选村、六百步村、临河村、索镇村、新发村、道口村、新立村、蒋河村16个村庄，结合农业产业项目，统筹考虑基础设施、村庄绿化、人居环境等，充分挖掘村庄的自然、历史、民俗、文化等特色元素，全力打造为东营市市级乡村振兴示范片区的样板区和引领区，进而争取实现全省标杆、全国品牌。重点围绕现代农业产业园、新立金硕采摘基地和"利津农业大观园"三产融合田园综合体等项目，构建"一轴一核、六特多点"的产业体系。其中，一轴即临河产业发展轴；一核即陈庄现代农业产业园核心；六特包括"藕塘荷香"特色休闲农旅项目、堰西村联耕联种示范基地项目、恒业绿洲精品农庄项目、临河农产品交易中心项目、金河滩有机生态园项目和新立金硕采摘基地项目；多点即多个农村电商淘宝网点。在此基础上，深入开展农村人居环境整治，实施城乡环卫一体化暨净化工程、绿化暨生态建设工程、亮化工程、美化暨美丽庭院建设工程、河塘治理工程，以组织振兴促进片区融合发展、全面发展。

（4）城镇建设项目和品质提升。陈庄镇是利津县域副中心，将被打造成为东营市重要的食品加工基地、县域重要的石油装备及新材料制造基地、县域重要的现代物流中心和县域循环经济示范区。陈庄镇中部是城镇发展的核心，城镇建设主要包括镇区、利津循环经济产业园、陈庄食品产业园，是沿

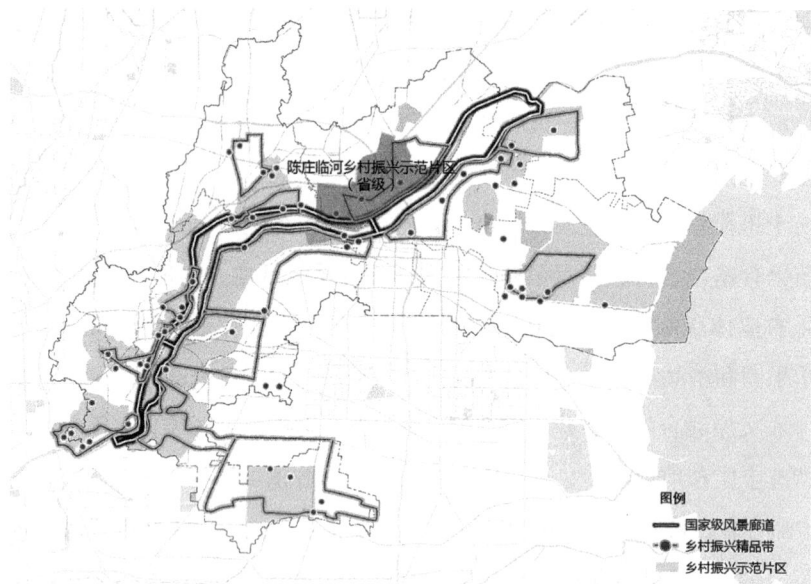

陈庄镇临河乡村振兴示范片区区位

黄地区区域就地城镇化的主要载体。

①利津循环经济产业园。2020年，山东省商务厅、发展和改革委员会、自然资源厅等六部门联合印发《关于公布首批山东省再生资源示范产业园和回收分拣示范中心创建名单的通知》，利津循环经济产业园成功入选首批山东省再生资源示范产业园创建名单。产业园2006年动工建设，2015年5月18日由陈庄工业园更名为利津循环经济产业园，近期规划面积约5.03平方千米，远期规划面积约15平方千米，不断提升和完善基础设施建设，已初步形成了以废旧钢铁、废旧润滑油、废旧轮胎等为主的资源再生利用项目集聚区。主要包括已完成建设的废旧塑料再生石油资源综合利用项目、3000万立方米/年生物燃气项目、废旧轮胎再生利用以及废旧物资回收项目等，正在建设和拟建设的主要有废旧工程塑料材料生产项目，计划投资3.45亿元，年处理废旧塑料15万吨；全国最大的废油循环经济产业项目，建有国家回收燃料油储备20万立方米，综合物流量100万吨/年，综合加工能力20万吨/年；与法国威立雅公司合作建设27万吨/年废矿物油类综合处理设施建设项目，占地12.4公顷，计划总投资4.3亿元，用以新建生产车间、辅料库、原料库等建筑，安装回转窑、反应塔等相关设备；2019年，国安与统一集团签署《合作意向书》，将在废油代工和润滑油代工项目上开展合作，项目计划投资2.2亿元，主要建设润滑油存储罐区、灌装线、包装线、成品

存储区等。同时围绕该项目新上包装印刷、物流配送等相关配套产业，实现企业的集约化、组团式发展，促进园区产业结构调整。

②荻花湾核心区建设。荻花湾核心区位于陈庄镇中兴路以东，辛河路以西，规划涌鑫大道以南，规划淮水路以北，总投资约19.5亿元。以安置房、配套水系及绿地、康养中心、办公场所、商场、建设公园、幼儿园等配套设施和休闲娱乐区建设为主，将大幅提升镇区集聚能力，提高城镇整体形象和品位，改善居民生活环境，加快推进集"康养、商贸、休闲"于一体的现代、生态、宜居小城镇建设。

荻花湾核心区

③陈庄食品产业园。依托东营市一大早乳业有限公司等食品企业形成的乳制品、农副产品加工产业集群和产业基础，着力打造集农产品收购、加工、物流、包装等相关配套为一体的食品产业园。

④城镇立面改造工程。为解决临街建筑物老旧问题，消除安全隐患，改善居民生活环境，提升城镇品质形象，重点对滨港路、贸源街、辛河路沿街两侧的部分单位、小区、企业及商铺进行外立面改造和整治，并与周边景观绿化相结合，展现城镇现代化建设风貌。改造内容主要包括对建筑外墙立面进行喷涂墙面真石漆，统一建筑色调；对广告牌匾进行统一设计制作；根据实施需求对临街建筑部分地段设置夜景灯光，更新路灯；对立面改造路段统一铺设大理石人行路和混凝土地面以及对部分绿化树木进行补植、更

换；推进镇区杆线下地工程，及时消除私接乱拉、借杆架线、跨街连接、废旧设施和线路现象等，项目正在积极实施中，在项目建设完成后，街道和城镇面貌将焕然一新。

⑤地方特色文化品牌。通过保留村庄特有的民居风貌、农业景观、乡土文化，立足于乡村生态系统整体性和区域自然环境差异性，打造"荻花"湿地繁花盛景、黄河滩区沿岸风光带等黄河三角洲特有的文化风貌。

（5）新型农村社区和美丽乡村建设。按照动态优化原则，坚持有利生产、方便生活、立足实际、谋划长远，引导和调控城乡融合发展，充分尊重村民意愿，从村庄发展实际出发，依法依规稳妥有序推进美丽宜居乡村建设。考虑未来城镇开发边界的划定，明确划入城镇开发边界的村庄，并结合村庄发展条件，将城镇开发边界外的村庄分为集聚提升类、城郊融合类、特色保护类和搬迁撤并类四种类型。把集聚提升类村庄作为规划重点，严格控制村庄搬迁范围，对看不准的暂不分类。城镇开发边界内的村庄应根据城镇的发展时序，逐步融合城镇发展。

深化乡村全域土地综合整治，积极稳妥地促进土地向适度规模经营集中、产业向园区集中、居住向社区集中，合理安排布局生产、生活、生态空间。根据村庄发展类型分类配套村庄基础设施，对计划保留的村庄，配套完善基础设施；对计划撤并搬迁的村庄，重点抓好脏、乱、差治理，保持村庄干净整洁，原则上不再进行基础设施建设。同时以创建全市"垃圾分类试点镇"为契机，实施农村人居环境综合整治"八大攻坚行动"，全镇美丽乡村、美丽庭院、文明村覆盖率分别达到22%、25.6%、100%。陈庄镇被评为市级森林乡镇，索镇村被评为国家森林乡村，郭屋村等4个村被评为市级森林村居，道口村等4个村被评为省级美丽乡村，临河村等5个村被评为市级美丽乡村。

现状农居点

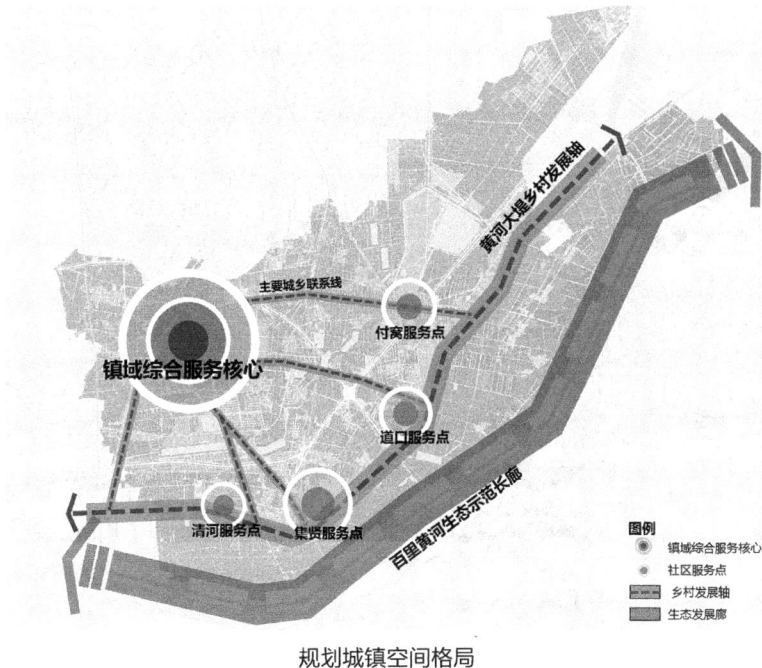

规划城镇空间格局

4.实施路径

（1）紧抓机遇，落实沿黄乡村振兴示范带的建设要求。沿黄地区是国家、山东省乡村振兴战略、黄河流域生态保护和高质量发展战略的结合点、交会处，建设沿黄乡村振兴示范带是贯彻实施两大战略的必然选择。立足于东营市、利津县的发展实情、当前产业转型和经济社会的阶段性特征，沿黄乡村振兴示范带聚焦脱贫攻坚、稳粮增收保耕、农村经济发展、农业结构调整和农村社会治理等方面的同时，重点围绕生态保护、现代农业的产业体系、生产体系、经营体系、融合发展、文化传承与利用、特色小城镇、美丽乡村、机制体制改革等领域，系统研究和探索沿黄乡村振兴示范带建设的新模式、新路径。

①市县沿黄地区协同发展方面。从沿黄地区的生态保护和高质量发展以及乡村振兴战略实施的实际出发，立足于东营市和利津县的城乡融合发展，沿黄地区小城镇应实行协同化、差异化、特色化发展。根据《利津县沿黄乡村振兴示范带发展规划》规划了两核两轴带，即"利津县城新型城镇化核心示范区、陈庄—盐窝新型城镇化核心示范区"、黄河大堤生态产业发展带和310、315省道城镇联动发展带，黄河两岸、黄河大堤内外（滩内滩外）、310、315省道两侧三个层次和六个园区，分别是金河滩田园综合体、智联

《利津县沿黄乡村振兴示范带发展规划》区位示意

农创现代农业示范园、东津渡教育康养旅游度假区、铁门关文旅综合体、利津黄河生态经济带现代农业产业园。

②着力实施乡村振兴升级，激发农村发展新活力。抢抓黄河流域生态保护和高质量发展重大国家战略部署、省级乡村振兴示范区建设机遇，规划沿黄"一带三区"布局，用产业化、品牌化、智慧化的方式，推动全镇乡村振兴提质增效，激发农业农村发展新活力。统筹谋划，夯实根基。借助乡村振兴服务队等多方力量，统筹实施农业重点工程、农村重点项目。实施土地高标准农田建设，为提高农业产业效益打下坚实基础。突出创新，联动提升。投资建设陈庄现代农业产业园，引进寿光现代农业技术服务中心、千乘优品和京东两家电商平台，开启了"互联网+农业"新模式。引进艾米集团，在恒业绿洲家庭农场建设"数字化"稻田，提升水稻管理水平和品牌销售能力。

③陈庄镇为新型城镇化核心示范区，重点打造利津黄河生态经济带现代农业产业园。立足高效设施农业规模优势，继续发挥县域副中心的资源吸

附优势，北部以镇区为中心，突出循环产业示范园、乡村振兴齐鲁样板示范区、美丽宜居乡村建设三项重点，构建新型城乡关系；南部以临河现代农业产业园为载体，重点建设黄河口水稻和"临合蜜"种植基地、临河湿地休闲公园、藕香荷塘农旅公园，打造智慧水稻、高效农业示范，成为陈庄镇产业向生态绿色高效方向提升的重要推力。

（2）动力创新，以农业现代化打造产业转型升级"新引擎"。陈庄镇在东营沿黄小城镇中综合实力较强，一直是利津县的副中心，交通区位条件优越，以石油化工为主导的支柱产业，提供了大量就业岗位，目前正处于由传统石化产业向新型产业转型升级期，单一粗放的生产型园区亟须向高质量的产镇融合转型，随着供给侧结构性改革，再生资源利用特色产业突出，农副产品加工产业、节能环保产业，仓储物流产业蓬勃发展，应坚持"减量化、再利用、资源化"的原则，不断优化产业结构，促进产业转型。同时应考虑农业现代化、新型城镇化与新型工业化的协同发展，尤其是农业现代化带来的农业规模化、标准化、品牌化、数字化发展，是陈庄食品产业园发展建设的重要基础和支撑条件，以全域土地综合整治为抓手，通过新型社区推进农村人口的就地城镇化，不仅解决了产业园的就业和居住生活问题，也是提升城镇化水平和质量的有效途径。在此基础上，积极挖掘沿黄生态、文化资源，发挥现代农业的多功能性。

围绕"1+2"循环产业体系，抓项目招引、促转型升级、求要素破解，构建现代工业产业体系。按照再生资源—环保产业—绿色化工—配套服务的思路，透彻理解并用好省市县新一轮企业技术改造政策，引导一大早乳业、国安化工等企业实施技术改造，实现"二次创业"。重点实施了宝隆化工、津福化工、金冠永达等7家企业剔除落后产能，开展工艺流程改造、产品链延伸，推动传统化工行业向危险固体废物处置行业转型。牢固树立"发展为要、项目为王"的理念，把招商引资、项目建设作为第一抓手，培育更多的工业经济增长点。成立项目手续办理专班，对项目立项、报批、落地、投建等一对一精准对接，实行手续代办等服务，以最大力度跑出项目建设"加速度"。2020年，利津循环经济产业园被授予"首批山东省再生资源示范产业园"。

（3）试点先行，大力推进全域土地综合整治。全域土地综合整治是建设沿黄乡村振兴示范带，率先实现乡村振兴战略的重要途径。2019年12月，自然资源部正式下发《关于开展全域土地综合整治试点工作的通知》，要求以科学合理规划为前提，以乡镇为基本实施单元（整治区域可以是乡镇全部或部分村庄），整体推进农用地整理、建设用地整理和乡村生态保护修复，优化生产、生活、生态空间格局，促进耕地保护和土地集约节约利用，改善农村人居环境，助推乡村全面振兴。2020年1月22日，山东省自然资源厅下发了《关于申报全域土地综合整治试点的通知》，对全省全域土地综合整治试点工作进行了安排部署。2019年11月4日，利津县人民政府办公室印发《利津县开展全域土地综合整治助推乡村振兴战略实施方案（2019—2021年）》，旨在通过实施全域土地综合整治形成具有农田连片与村庄集聚形态的土地保护利用格局、适应现代农村与现代农业需要的土地供给体系、符合生态宜居与集约高效的农村用地空间结构，创新和完善城乡土地管理制度，畅通城乡要素流动通道。

陈庄镇作为全域土地综合整治试点乡镇，农用地和农村建设用地整理潜力大，耕地后备资源潜力较为充足，且拥有良好的产业基础和资金供给保障。实施全域土地综合整治，可以推进一二三产业融合发展，促使二三产业形成核心驱动，通过多方合作，盘活乡村经济。此外，通过项目的实施提高耕地产量，提升农作物效能，建立标准化农田、产业深加工、培育商业品牌等一系列有效机制提高农民收入。

根据全域土地综合整治实施方案，重点解决各类用地布局优化、耕地碎片化以及生态环境质量提高等问题，启动耕地资源开发利用、新型农村社区建设、新立金硕采摘基地提升建设、黄河滩区旧村台改造生活环境及基础设施提升、黄河滩区生态湿地打造等全域土地整治重点工程，以实现"耕地优质集中连片保护、建设用地集中集聚利用、全域优化三生空间格局"的总体目标，主要包括完善实施区域内农田水利设施，促进农用地大面积流转和规模化经营，降低耕地细碎化程度，提高耕地产量，提升农作物效能，改善农田生态环境，优化村庄布局，进一步提高土地集约利用水平，完善公共服务和基础设施的配套，通过生态环境整治改善人居环境，黄河滩区的生态环境综合治理得到全面提升，改善黄河整体景观风貌等方面。

（4）建管结合，以区域一体化推进城乡生活品质化。紧紧抓住县域副中心"建设机遇"，推进以人为核心的新型城镇化建设，补齐短板，不断完善承载功能和公共服务体系。一是优化城镇空间布局。结合《国土空间总体规划》，统筹城乡融合发展，做好城镇总体规划、城镇控制性详细规划，与循环产业园区、全域土地整治、生态环境修复等充分衔接，明确城镇各功能区布局。实施市级村庄规划精品工程，科学编制集贤社区规划。发挥规划引领作用，强化规划刚性约束。二是加快城镇建设步伐。加快推进荻花湾核心区开发建设，重点推进综合文体中心、便民服务中心、荻花湾水域治理及配套设施，让群众通过最短服务半径享受最优生活。有序开展城镇"美化、绿化、亮化"行动，强化城区公共绿地建设，扮靓城镇景观，提升宜居环境。推进物流综合体和建材专业市场的规划建设，推动镇区商贸业再次繁荣发展。做好老旧小区改造工作，切实解决好老旧小区物业管理问题。三是加强城镇精细化管理。继续坚持"铁腕治城"，持续开展镇容镇貌综合整治。继续实施镇区沿街环境提升工程，推进道路、供暖、供水改造工程，加强环境卫生、交通秩序、景观绿化、市政公用设施管理，确保城镇建得好、管得好、用得好。

（5）多元融合，助力城乡项目推进。一是引入社会资本。由山东土地城乡融合发展集团有限公司、利津县津瑞土地发展有限公司与利津县华晟投资开发有限公司三家国有公司共同成立利津县城乡融合土地发展有限公司，积极推进利津县陈庄镇乡村振兴项目实施。二是积极探索新的集体土地经营方式。依托陈庄镇现有新型经营主体，多种经营模式并存。以集体经济组织或其他新型经营主体为主要的方式：村委集中流转土地，流转土地优先选择本集体经济组织作为农场大户，或者以村集体为主导成立专业合作社，带动全村乃至周边村民共同致富。一方面，通过村集体参与入股、分红，解决村集体经济发展缓慢的问题；另一方面，村民以保底收入、盈余分红形式入股农场，村民还可承包农场内的农业项目，也可以在农场内就业或加入合作社。由企业投资经营的方式，村集体经济组织也可和企业协商，让村民集体入股、分红、参与建设和管理工作。

四、经验总结

1.树立绿色发展理念，引领产业发展方向和结构调整

牢固树立绿色发展的生态理念，切实转变发展思路，转变政绩观，贯彻落实"绿水青山就是金山银山"的发展思路，结合当地生态特色，坚持绿

色发展。逐步提升企业环保资质，以绿色、环保的理念招"绿色发展商"，在保障当地环境的前提下发展城镇化。以绿色发展理念推进小城镇建设，关键是转变经济发展方式，结合供给侧结构性改革与产业结构优化，改变传统的粗放型经济发展方式向集约型、创新型发展方式转变。在发展目标指引下，结合产业政策导向、产业趋势、热点领域、区域竞合、资源禀赋和产业基础等维度，明确产业发展路径和重点，以传统优势产业转型升级，转向高端产业和生产性服务业集群化为重点，以新兴产业和新型业态为引导，构建符合新型城镇化和乡村振兴经济发展的现代产业体系，加快跨界融合应用催生服务新业态、三产融合开拓新领域，通过新技术、新模式推动制造业升级，实现"制造"到"智造"。

2.系统破解城乡要素制约，加速推进一二三产业融合发展

借力重大项目，系统破解城乡要素制约。以国家农业产业强镇、国家特色小城镇、国家一二三产业融合示范园等试点建设为契机，破解城乡发展的土地、人口、技术、资金等要素制约。在县级层面完善的城乡要素统一市场，政府在资源配置中积极作为，精准施策，鼓励引导资金、人才、技术等资源下乡，坚持机会均等原则，从制度设计和政策供给方面给予农村农民更多公平机会参与乡村建设，千方百计地激发农民的主体意识，给予农村生产要素主体更多参与城乡融合发展的均等机会，让乡村共享农村改革发展成果，并通过针对性的技能教育培训，挖掘农村本土"能人"，提升农民自身素质，推进城乡基本公共服务均等化。

深化农村土地"三权分置"改革，促使市场主导和政府引导有机结合。通过大力培养具有竞争力的市场经营主体，农业经营合作社等组织形式把农户组织起来，形成利益共同体，为农民提供经济合作与利益诉求的多元平台和组织支撑，使农民成为农村改革发展的利益分享者和振兴乡村的建设者。加强农村吸纳生产要素的载体建设，通过以"土地流转、股份合作、代耕代种、土地托管"等方式促进农业规模经营，发展、培育多种形式的经营方式，培育壮大专业大户、家庭农场、农民合作社、农业企业等新型经营主体，构建现代农业经营新体系和经营管理模式。在基层组织建设和农民利益联结方面，一是可以尝试探索引入农民股份，通过村级经济持股，直接共享开发红利，另一种是设立发展基金、反哺社会事业，把公司分成收益的部分作为小城镇发展建设基金，通过教育、医疗等各种形式反哺城乡居民，共享发展红利。

3.改革试点助推小城镇高质量发展

以改革试点推进小城镇建设，各项国家、省、市改革试点可以释放出助推县域高质量发展的强劲动力，借其东风，重点围绕城乡规划建设一体化、农村产权制度改革、城乡要素市场化配置、行政审批制度改革、县域经济向都市区经济转型发展、基本公共服务均等化、生态建设保护、创新社会治理等八大重点领域推进改革，加快城乡一体化发展，特别是在农村产权、户籍制度、要素流动、公共服务等改革方面取得了一些突破，并形成了一些可复制、可推广的经验，促进了城乡发展。围绕"充分活权"，在承包经营权、流转经营权、宅基地使用权、农房产权、集体经营性资产股权等精准确权的基础上，加大赋权活权力度，激活农村"沉睡资本"；围绕"逐步同权"，建立新型户籍管理制度，统筹城乡社会保障工作，完善城乡公共服务体系；围绕"有效放权"，加快政府职能转变，推进审批制度改革，创新基层社会治理等，形成了一些可复制、可推广的经验，获得比较高的群众满意度，也促进了小城镇的高质量发展。

实施"全域土地整治+"模式，全域土地综合整治与乡村振兴、生态环境修复、人居环境综合整治、精准扶贫等工作进行充分融合，呈现出农田连片、村庄集聚、生态宜居、集约高效的土地利用新格局。通过实施"全域土地整治+"，大力推进乡村新社区建设，实现就地城镇化，并开展多元化合作。统筹使用各类涉农项目资金。以全域土地综合整治和生态修复为载体，整合土地整治、农村人居环境提升、农村公路建设、高标准农田建设、农田水利建设、危旧房改造、绿化、电力、通信、燃气等相关涉农资金，充分发挥各项资金使用的叠加效应。积极开展与土地发展平台的合作，全域土地综合整治是一项涉及面广、投资额大的一项事业，政府与土地发展平台通过签订战略协议，由政府主导整合各种涉农资金，由土地发展平台负责统筹农田基础设施建设，推进农业现代化发展以及三产融合发展等方面的用地需求，协助当地提高第一产业发展水平，壮大二三产业，促进三产融合发展，也有利于开展"PPP"模式或者集规划设计、施工、管理于一体的"EPC"运营模式。

4.体制机制创新加速小城镇建设持续推进

体制机制创新与地方实际、项目自身特点密切相关，其核心为各项的工作系统集成，构建共建共享平台。具体包括多部门共同协商机制、政企合作的产业新型管理、多元化的工作推进和基层组织建设等。在建立多部门共同商讨机制方面，通过成立小镇建设工作联席会议小组、社会综合治理联动指挥中心、网格化管理服务中心，搭建政府、企业、村民和设计单位多方平台。创新政企合作模式，保障企业的市场主体地位，引导企业转型升级的自觉性和主动性，从管理型政府向服务型政府转变，建立与政府职能转变相适应的新型管理模式，为企业发展营造良好的环境。通过多个层级联动的组织管理方式，为重点项目实施提供强有力的组织保障。在县级层面成立领导小组，定期召开工作推进会，发挥组织协调和沟通作用，负责项目规划编制、立项、验收、监督检查以及各项指导工作。在镇级层面成立工作专班，适时召开工作调度会，负责项目各项工作的具体组织、实施和后续管护工作。在村级层面以村委为核心，成立协调小组，充分发挥人熟、地熟、情况熟的优势，反映村民的意见、要求和提出建议，协助镇政府做好各项工作的完成落实。

为发挥规划引领作用，更注重规划的协调统筹和落地实施，为提高规划的可操作性，浙江省首创"双师"服务机制——镇首席设计师和"驻镇规划师"，切实履行"双师"工作要求，提高站位高起点谋划、高标准实施。指导乡镇工程建设，加强公共服务设施建设及环境美化提升改造。建立"双联系"机制：在持续深化"三三服务"基础上建立"双联系"机制，充分发挥联系领导和联系专家、技术服务团队的作用，对各小城镇的规划、建设、治理以及重点创建活动的实施开展针对性指导服务。在其他地区，为实现小城镇的创建与实施同步推进，探索以规划协调多方利益，提供系统解决方案和持续的专业服务。

注重小城镇的建设实施和长效治理，建立考核评价机制。组织专家和专家服务团队对照考核要求开展实地踏勘，按照不同类型城镇统计分析城镇发展指数，并根据指数和考核细则进行模拟考核打分，对标检查存在的问题，指导创建乡镇以评促建，争取年底高分通过考核验收。采用多种形式积极开展督导考评活动，保持小城镇建设工作推进的高压态势。建立健全长效机制。加强专项检查和实地核查，发挥"两代表一委员"的监督指导作用，强化长效机制的完善与建设，进一步落实好长效管理机制，运用到城镇市政绿化公用管理、"线乱拉"治理、城镇街道秩序维护等全过程。通过开展小城镇系列活动引导群众积极参与小城镇建设、评议、监督、共建共享，在参与中让他们体会获得感，在参与中产生认同感，不断夯实巩固提高建设成果。

第二节 产业融合与农业型小城镇

一、山东省莒南县洙边镇

1. 乡镇概况

洙边镇位于山东省临沂市莒南县南部，处鲁东南、鲁苏交界处，东临日照市、西靠"物流之都"临沂，南与亚欧大陆东桥头堡连云港相邻，距岚山港20千米、日照港50千米、连云港70千米、柘汪港30千米、青岛港150千米，地处沿海七大港口强辐射区；50千米范围内有临沂机场、日照机场、连云港机场3个机场；紧邻S342省道，京沪高速、长深高速、日东高速、沈海高速、岚曹高速5条高速环绕四周。岚曹高速在综合体建有出口，半小时可直达临沂、日照。

洙边镇是"中国茶叶之乡""中国板栗之乡""全国小流域治理示范乡镇""全国美丽乡村试点镇"和"国家级生态乡镇"；拥有板栗约1333.33公顷，茶叶约2066.67公顷，低丘缓坡的地形、丰富的水系、多元的文化为综合体的建设增加了独特的印记，也是区别于其他田园综合体的内生特征。

2. 城郊镇与田园综合体模式

洙边镇的小城镇建设模式属于田园综合体模式。在农村供给侧结构性改革的大背景下，随着农村产权制度改革的不断深化和城乡一体化发展的不断推进，传统单一产业类型的发展模式已经不能适应时代的需求，因此，田园综合体——一种新的发展理念和创新的发展模式应运而生。

（1）田园综合体内涵。"田园综合体"是指综合化发展产业和跨越化利用农村资产，是乡村发展创新突破的思维模式。2017年，由田园东方的基

金龙湖及周边茶园

板栗园

茶园

洙溪河

层实践，源于阳山的"田园综合体"一词被正式写入中央一号文件——《中共中央　国务院关于做好2022年全面推进乡村振兴重点工作的意见》，文件解读"田园综合体"模式是当前乡村发展新型产业的亮点举措。文件提出，在保持政策的连续性、稳定性的基础上，特别注重抓手、平台和载体建设，即"三区、三园和一体"。"三区、三园和一体"建设将优化农村产业结构，促进三产的深度融合，并集聚农村各种资金、科技、人才、项目等要素，加快推动现代农业的发展。其中，"一体"即田园综合体，提出"支持有条件的乡村建设以农民合作社为主要载体、让农民充分参与和受益，集循环农业、创意农业、农事体验于一体的田园综合体"。

田园综合体发展模式的提出有其必然的原因和背景，其中比较重要的包括：经济新常态下，农业发展承担更多的功能；传统农业园区发展模式固化，转型升级面临较大压力；农业供给侧改革，社会资本高度关注农业，综合发展的期望较强；"史上最严土地政策"影响下，土地管理的强度越来越大，寻求综合方式解决发展问题。

从内涵和外延上来看，田园综合体并不是一个新词，它是在原有的生态农业和休闲旅游基础上的延伸和发展。从业态上来看，田园综合体是"农业＋文旅＋社区"的综合发展模式，是以现代农业为基础，以旅游为驱动，以原住民、新住民和游客等几类人群为主形成的新型社区群落。从产业上来看，"田园综合体"强调的产业是农业，而不是纯旅游业，但是农业要具备观赏和休闲旅游的功能、有文化价值。未来的农业链条可能还会进一步拓宽至科技、健康、物流等更多维度，将来发展成为具有3～5个产业跨链条循环，农业一二三产业有机融合，多个业态互为依托同时并存，具有多种功能的一个聚集区。这种新经营模式一旦探索成熟，将会具有非常强的综合性的竞争护城河效应。同时，还有希望成为城乡发展的黏合剂，实现城乡在多个领域的对接，构建城乡共享、可持续的联动发展。

（2）茶溪川田园综合体概况。茶溪川田园综合体位于洙边镇北部，距离县城10分钟车程，占地62.4平方千米，涉及21个村。综合体具有土地、水、农业以及文化等多方面优势资源。建成后，将形成以茶产业为支撑，集现代农业、文化旅游、医养健康和生活居住为一体的国家级田园综合体，探索乡村高质量发展和洙边镇新型城镇化的莒南实践。

在田园综合体策划和规划工作中，要求既要提出规划思路又要有明确

洙溪河整治后建成百亩荷塘

优质标准化茶园

新华书店旧址

金矿厂遗址

葛家山村石块房

办法举措，既兼顾当前又考虑长远，确保可操作性，突出科学性；广泛征求县镇村意见，确保聚民智顺民意，把田园综合体规划建设与乡村振兴、脱贫致富、美丽乡村建设、农村人居环境整治结合起来，将综合体规划与村庄建设规划、小城镇土地利用总体规划等融合衔接，保证一张蓝图干到底、确保执行有力、落实到位。

纵观各地田园综合体实践，建设情况参差不齐，能够实现自身可持续发展的凤毛麟角，深入剖析原因发现三大参与主体的诉求没有得到平衡兼顾，政府、企业、村民对田园综合体各有所需，"企业投入可控""政府管理有效""村民权益保障"三个问题成为阻碍项目进程的症结所在：政府部门希望塑造独具特色的田园综合体，将优势资源转变为发展动力，并通过村庄集聚提升，探索新型城镇化有效推进模式，塑造乡村振兴齐鲁样板。投资企业希望通过田园综合体的建设，探索可行的盈利发展模式，以可控的投入推进项目滚动发展，并以复合多元的特色产品迎合市场平衡资金投入。村民/村集体则希望通过田园综合体的建设，提升改善人居环境，离土不离乡地分享发展红利，实现稳定增收。

因此，特色、模式、集聚成为破解田园综合体建设难题的关键。为合理平衡各方发展诉求，结合田园综合体产业、旅游、社区三大板块的发展要求，茶溪川田园综合体急需解决的议题可归纳为：一是如何构建具有可持续发展潜力的建设机制；二是如何塑造独具魅力的特色田园综合体项目；三是如何优化解决村落布局与整体功能的关系。

3.建设重点

综合体以北方第一茶乡为核心，结合丰富的水系，打造茶溪主题的田

茶溪川田园社区效果图

园综合体，建设生产生活生态"三生同步"，一二三产业"三产融合"，农业文化旅游"三位一体"的农村公园，打造齐鲁样板、沂蒙好例、莒南实践，推动实现乡村政治、生态、文化全面振兴。

（1）高标准有机景观茶园建设。利用三年时间，重点围绕金龙湖、寨山水库、石门茶园等区域，分三期新规划发展高标准有机景观茶园约1333.33公顷。综合体管委会对所有茶园实行统一管理、统一技术指导，将茶园以约3.33公顷作为一个基础网格，配备先进的物联网大数据系统，可24小时适时网上监控。与国内知名茶叶研究所、农科院及高等院校建立长期合作关系，采用有机肥生物秸秆发酵等技术确保茶园土壤有机化，利用生物、物理防虫治虫方法，确保无农药残留。产品采用区块链技术，每一批次茶叶都能无缝追溯，确保茶叶品质。根据需要，每一茶园网格配备一定比例的农业设施用地，可满足投资方必要茶园设施建设需求。

（2）茶特色相关产业项目建设。综合体围绕北方茶特色产业，立体化招商引资，融合化发展三产。

①"茶叶+招商引资"。建设了农业科技孵化器、茶叶加工物流园、电商产业园，正山堂有机茶基地、以色列树莓基地等，30余个重点项目在山东省莒南县洙边镇落地生根。

②"茶叶+文旅"。形成茶文化、乡村原生态等两条乡村游路线，建设了金龙湖茶旅文化园、净埠子花田林海等文旅项目，年均可吸引游客50余万人。

③"茶叶+科研开发"。与山东农业大学、青岛农业大学、北方茶科学研究所等科研机构合作，在农业物联网系统、茶技术、茶文化等方面不断研发升级。

金龙湖

有机茶园

（3）农业产业技术提升项目建设。与寿光一边倒果树研究所合作，采用小龙干技术大面积推广高产优质葡萄新品种，该技术可使葡萄达到266.67～333.33千克/公顷，同时计划将该研究所和示范推广基地迁至田园综合体内，推广该品种和技术，使更多农民受益，提高增收保障。

与中国科学院达成初步协议，将中国科学院的农业科研成果落户田园综合体，同时帮助打通农副产品销售通道问题（囊括5000家大型超市的销售资源）。

以色列艾森贝克现代农业科技示范园项目已落户田园综合体，借力以色列农业技术，中以农业合作，为中国乡村振兴赋能。示范园占地面积18.2公顷，共建有4.8万平方米以色列节能型和通风型专利温室以及陆地栽培区。该园区由以色列艾森贝克公司设计、建造并运营，现有无土栽培西红柿、草莓、黑莓，以及陆地栽培葡萄的种植；同时使游客享受全年采摘体验，三产融合，发展田园经济，提升人气。

2021以色列现代农业技术应用及推广论坛观摩会现场

以色列节能型和通风型专利温室

以色列大使馆公使衔商务参赞艾晔宾先生和商务主任董燕女士参观示范园

（4）有序推进农村集聚提升。优化解决村落布局与整体功能的关系。动态推进村庄集聚提升，充分解读相关规划对于农村社区及村庄的发展建设要求，结合茶溪川规划总体功能要求，有序推进农村集聚提升，综合评价各个村庄的发展条件和集聚条件，优先选择条件符合的村庄进行集聚提升，社区建设启动后，滚动推进其他村庄的集聚提升。点状预留农业生产服务点，根据农业生产需求，在一定规模的农业生产空间内预留一定村落空间，以"点状供地"的形式探索农业生产与服务用地的布局关系。

4. 实施路径

（1）基于茶主题联动全域发展。茶溪川田园综合体将建设成为乡村振兴的齐鲁样板、新型城镇化示范标杆和全要素美丽经济示范。具体规划将围绕"茶为韵、溪为脉、田为景"三个主题进行引导建设。

①茶为韵：以茶文化为线索，串联各类资源，形成"茶+"各类产业和功能的组织基础，在南茶北引种植创新后，再塑北方茶式生活。

②溪为脉：以洙溪河和金龙湖等重要水体资源为基底脉络，链接"一园三镇"，创新建设亦镇亦园亦景的景城乡融合区。

③田为景：以基本农田为核心，与山水林田湖草等生态要素联动，建设镇在田中，田在镇中，镇田交融的田园新社区。

（2）基于资源整合策划全域项目。围绕北方茶产业，以茶资源为基础，以茶基地为载体，以旅游为导向，实施"茶叶+"的策略，融合发展一二三产业，让以农产品为基础的产业链附加值更多地留在农村。集合产业资源的上、下游产业，特别是旅游业的吃、住、行、游、购、娱六要素，构筑种植、加工、科研、商贸、体验、康养、度假等为一体的产业发展模式，着力打造北方美丽茶乡，助力乡村产业振兴。

一闻养性田源系列，以茶产业+为主导。

坚持突出农业农村产业现代化，从根本上解决农业农村农民问题。以有机茶种植为核心，打造万亩标准化有机茶园。融合中科院茶叶研究所的科研实力，在基地内成立茶叶研究所，形成"院士工作站+专家工作站+茶研所+本地茶企+农业院校+职业农民"为主体的科研联盟平台，整合茶叶产业资源，统一种植标准，管理标准，建设有机茶生产基地。营建农业科技孵化器，建立茶叶检测追溯中心和茶叶加工中心，延长茶叶产业链，推进"茶叶银行"机制建设。与湘茶集团合作将莒南茶打造成全国北方茶的知名品牌，对接美麟同路在深圳的展示中心，实现从"南茶北引"到"北茶南销"的转变，充分利用"互联网+"和茶博会等形式扩大营销宣传，提高市场占有率。

二品养生田居系列，以社区康养建设为主。

首先依托当地特色的本土基础产业（茶、板栗、蓝莓等），在大健康范畴下延伸特色康养产业，辅以聚落文化运营，以社群实践健康与幸福梦想，打造"吃动心医养居"生活范式，在旅游度假中解决健康问题。这主要包括茶溪川幸福小镇、花漾年华小镇、桃源康林小镇和葛家山艺创民宿。

其次与多方主体精诚合作，打造优质三产服务品牌；借助各合作主体在相关方面的成熟经验，就田园综合体内旅游、康养（养生、医养、旅居式养老相结合）、田园社区、医疗卫生服务、优质教育等方面进行合作开发建设，为田园综合体全面发展打好坚实基础。

最后在小镇建设的基础上，充分发挥茶、板栗、花生、葡萄、中草药等优势资源的康养属性，拓展产业链，丰富康养产品，营造十足的康养氛围，以旅居养老替代休闲观光。

三悟养心田旅系列，以文化体验为主。

首先是以"田园+文化体验"为底蕴，集合旅游、康养、亲子、研学活动热点，将茶文化、红色文化和禅文化融合田园景观，以全新的面貌融入区域旅游体系，重点发展亲子教育游、红色研学游、旅居康养游等。

其次是融入区域旅游格局，成为临沂市旅游体系中的重要一环，借此支撑起临沂东部门户的形象展示诉求。结合水系资源条件，丰富水上娱乐活动，以水系资源串联各大功能片区，设立驿站、增设水上巴士，形成完整的水上旅游体系。

最后是发挥沂蒙板栗园的资源优势，发展旅游观光产业，举办板栗采摘文化节、栗园煮茶等活动，与黑影科技公司衔接，运营现代科技使全息影像与文旅结合，打造奇幻光源栗园，塑造非凡旅游体验。

（3）基于行动计划分类实施推进。

①工作推进计划。按照政府引导、企业主体、市场化运作、多方参与的推进模式，采取"边规划、边招商、边运营"的方式建设。探索建立了三个工作推进机制：一是以党建为引领的合力推进机制。整合省派乡村振兴服务队和综合体内的基层党组织成立茶溪川联合党委，配合县里工作组，强化组织与领导。二是市场化的投资运营机制。引进社会资本阳光华沃控股集团与县国有资产运营中心成立山东茶溪川有限公司，具体负责综合体的项目招商和运营。三是科学化的利益共享机制。实行"公司＋联合社＋合作社＋村集体＋农户"的利益联结模式，让各种经营主体广泛参与并受益。通过推介会与各银行负责人进一步探讨合作模式，在现有产业政策的基础上，尽量保证政策倾斜，开创新型合作模式，打造互利共赢新态势；为全县重点项目建设提供金融支持，实现乡村振兴新突破、新跨越，推动全县经济社会发展再上新台阶。

②富民增收计划。积极探索以产业为支撑，壮大集体经济的路子，集体计划根据各村所处地理位置、资源等条件，发挥山东茶溪川有限公司的企业管理和经营优势，与各村入股合作新上1～2个产业项目，以保证各村集体经济有稳定的收入，为村民生活水平不断提高和社会福利提供保障。目前产业项目的考察论证工作正在紧张进行中。

③社区配套计划。社区将按照城市社区标准、田园社区风格统一规划、统一建设、统一配套、统一物业管理，真正使农民生活环境质量达到市民标准。为破解北方地区集中供暖、供气难题，通过多方考察，社区准备引进生态环保、运行稳定、灵活联产、自动化程度高的生物质气化联产项目，该项目不仅可满足各种形式的产业供热、居民供暖和发电需求，同时对改善我国以化石燃料为主的能源结构和解决农林固废问题有着十分重要的意义。

④人才培养计划。结合茶溪川产业发展需求，积极引进相关产业的研发平台，为村民提供咨询、学习、培训的机会，使部分村民成为职业农民和专业技术人员，并不断推广相应的技术技能。另外，不仅仅面向茶溪川产业

项目和基地范围内的村民，还要扩大社会服务培训的广度和深度，使茶溪川真正成为人们学习提升的实用人才培育平台。

二、浙江省宁海县胡陈乡

1.乡镇概况

宁海县地处宁波市南部，位于长江三角洲南翼，中国大陆海岸线中段，浙江省东部沿海，北连奉化区，东北濒象山港，东接象山县，东南临三门湾，南壤三门县，西与天台、新昌为界。交通便利，县城距宁波机场64千米。

胡陈乡位于宁海东部山区，南连长街镇，西接力洋镇，东北邻象山泗州头镇，乡域面积为100平方千米，辖18个行政村50个自然村，人口2.2万。境内山水资源丰富，生态环境优美，风光旖旎，青山笼罩，森林覆盖率达76%。2010年，胡陈乡荣获国家级生态乡称号、被评为全国环境优美乡镇；2012年，被评为市成片连线整治示范乡镇；2013年，被评为创建首批市级农家乐标准化示范乡、省级旅游养老示范基地、市十佳环境优美乡镇、宁波市首届我心目中最美生态乡镇。

胡陈乡为沿海丘陵地区，境内中堡溪为宁海县五大溪流之一，乡域自然、文化景观分布广，涵盖观赏岩洞、名人故里、古桥梁遗址等多种景观类型。其中，比较著名的有"东山桃园""归云洞""丞相故里""四十八洞

胡陈乡农田

东山桃园

四十八洞桥

桥""千年古樟"等。

2.传统农业乡镇与全域乡村旅游模式

胡陈乡的小城镇建设模式属于全域乡村旅游模式。"全域旅游"是指在一定区域内，以旅游业为优势产业，通过对区域内经济社会资源尤其是旅游资源、相关产业、生态环境、公共服务、体制机制、政策法规、文明素质等进行全方位、系统化的优化提升，实现区域资源有机整合、产业融合发展、社会共建共享，以旅游业带动和促进经济社会协调发展的一种新的区域协调发展理念和模式。2018年3月，国务院办公厅印发《关于促进全域旅游发展的指导意见》，就加快推动旅游业转型升级、提质增效，全面优化旅游发展环境，走全域旅游发展的新路子作出部署。

与传统旅游业发展思路不同，全域旅游的"全域"体现在三个方面，即空间上打破独立景点的"全域"；参与上打破景区工作人员的"全域"；产业上打破旅游单一发展的"全域"。是把区域整体作为功能完整的旅游目的地来建设、运作，景区景点内部一体化，实现人人是旅游形象，处处是旅游环境。把大的区域范围，不管是城市还是乡村，或者是一个大的旅游度假区，当作一个景区景点来建设。

乡村旅游是指以乡村空间环境为依托，以乡村独特的生产形态、民俗风情、生活形式、乡村风光、乡村居所和乡村文化等为对象，利用城乡差异来规划设计和组合产品，集观光、游览、娱乐、休闲、度假和购物为一体的一种旅游形式。"全域乡村旅游"是指把一定区域的各个旅游景点、各种旅游资源当作一个整体来加以统筹的理念，也是以乡村环境为依托，使得各行业、各部门、各居民等共同参与到乡村旅游的建设中来，以此来推动乡村旅游的顺畅发展和农村产业结构的有效整合。"全域乡村旅游"作为一种新型理念，其所倡导的全新的资源观、时空观、产业观，不仅可以促进乡村旅游的顺畅发展，也可以使得乡村的产业结构得到全面调整，使乡村的幻境得到改善，还能够全方位满足游客的各种需求。以"全域乡村旅游"理念整合农村产业结构，是一种非常可行的方式。

胡陈乡以全域山水田园为底色，以生态和农业为特色，突出观光休闲、乡村体验、精品度假、养生养老、户外运动五大主导功能提升，通过现代化农业生产、生态化田园风光、市场化运营管理、景区化乡村建设四条路径，打造宜居、宜游、宜业的农业特色型美丽乡镇。从卖桃子向卖风景转变，胡陈乡整合各类项目，构建了吃、住、游、购、娱于一体的全域乡村旅游格局。伴随着与乡村旅游相适应的一系列基础设施的完备，如今的胡陈乡通过发展乡村旅游产业，不仅促进当地旅游民宿、特色农业产品的销售，更让当地村民享受到了旅游带动城镇发展的红利。绿色产业集聚效应逐渐显现，禾融户外运动基地、"宝驿"户外运动基地、胡陈禅养文化体验中心、归云山居、梦鼎中小学生社会实践基地、有机抹茶产业化加工基地等一批项目落户胡陈乡，成为区域经济新的增长点，加快形成了多点支撑、多极发展的产业格局。胡陈乡以"租景入股"、村企联盟方式，整合闲置农房、土地和老粮仓等优势资源，不断完善基础设施格局，让产业发展普惠于民，深入推动生态文明建设，推进乡村人居环境日趋向好。

胡陈乡乡村旅游景观

3.建设重点

（1）深化全景打造，提升产业富民。

①做强休闲农业。发展壮大水蜜桃、杨梅、出口蔬菜、土豆等传统农业支柱产业，扩大新品种培育，加强对农、林、牧示范基地、示范性专业合作社、示范性家庭农场、设施农业基地等优质农产品特色基地的扶持，加快建设市级特色水蜜桃示范园区。以"省级森林特色小镇"创建为新起点，加大村庄绿化、平原绿化、河岸绿化力度，开展东丰村森林村庄建设，推进乡

林场山体绿化工程，加强"森林胡陈"建设。深入开展农产品质量安全提升行动，健全农产品质量安全监管、检测和追溯体系，着力提升农产品安全质量水平。

胡陈水蜜桃宣传页　　　　　　　　　胡陈杨梅宣传页

②发展乡村旅游。加大招商引资力度，整合乡村旅游资源，打造精品拳头产品，争创市级乡村旅游集聚示范区。进一步做深做透"8"字形精品线文章，完成房车基地规划，启动长山主房车休闲基地打造，推出特色鲜明的美丽乡村游线，做精做特农事节庆及主题活动。出台民宿经济开发奖励政策，大力开发胡陈乡特色民宿集聚群，重点打造大麦塘粮站风情民宿、梅山休闲农宿、长山主慢享民宿、西翁养老民宿、东山养生民宿等。加快西翁麻糍体验馆、油车广场、瓜果长廊建设，完成自行车休闲绿道建设。积极探索旅游公司市场化运营模式，引进旅游专业人才。完善东山桃园景区软硬件设施，努力完成3A级景区创建工作，争创4A级景区。

③加速项目投产。加快胡陈乡粮仓精品酒店及"心宿·无尘"山水人文休闲旅游度假空间建设。建设桃文化广场，推动天益养生山庄运行，推进"桃源世家"养生别墅施工，积极启动黄金湾生态养生休闲旅游基地建设，推动农光互补休闲观光农业发展，大力促进签约项目尽快落地和在建项目尽快投产达效。依托"蛙鸣"胡陈乡电子商务平台，打造乡村旅游"互联网+"新模式。在上海等地设立胡陈（宁海）特色农产品和客源引进营销形象店，提升胡陈乡村旅游知名度。

（2）深化全民共建，提升美丽村庄。

①加强规划引导。完成《胡陈乡可持续发展研究与建设规划》《2015—2020年土地总体规划》等规划修编，有序推进中堡溪、大赖等8个村庄规划编制，充分发挥规划在优化布局、整合资源、提升功能上的导向和调控作

"心宿·无尘"民宿

用，坚持"一村一策"，打造"一村一品""一村一景"。加快下山移民和内聚外迁，促进农村人口集中，布局优化。

②发扬乡土传统。保护、整修、提升各类历史文化载体，加快修复腾达村、联胜村古民居，挖掘"浙江最美古树"（胡东千年古樟、岙路千年黄连木）等古树名木的生态、历史和人文价值，串联古道、古树、古桥、古建筑及湿地等资源打造特色休闲旅游路线。深化得心坊艺术馆建设，打造星级非遗馆，进一步激发文化活力，展现传统文化魅力。

③提升村庄品位。加快大赖中心村建设，打造长山主户外运动特色村、岙里王猕猴桃产业特色村、长平长坑盆景产业特色村。续建梅山、西翁精品村，新建中堡溪精品村。创建胡陈、岙路市级小康村，大赖、张韩县级小康村，建设岙里王村庄环境整治建设提升村，启动梅山美丽宜居示范村。积极创建美丽乡村示范村、合格村，不断提升新农村建设水平。深入推进文化礼堂、农家书屋、聊天长廊等农村文化阵地建设。

（3）深化全域治理，提升美丽环境。

①建设美丽镇区。以商业街立面改造、三线下地等为着力点，启动商业街危房改造，提升商业街区建筑品位，不断美化、亮化镇区环境，积极营造特色风情街区。精心打造内容丰富、环境优美的休闲公园，丰富社区居民文化生活。

②建设洁净村庄。按照农村品质提升专项行动，确定"路面无垃圾、河面无漂浮物、田间无废弃物、庭院无乱堆放"以及完善"有人管事、有钱办事、有章理事"长效机制的"四无一机制"要求，扎实开展村庄环境卫生整治工作。进一步巩固垃圾分类成果，生活垃圾源头分类行政村达50%以上。完成梅山村"美丽庭院"创建试点工作。打造梅山、西翁等村"美丽沟渠"试点村庄。大力开展洁净示范户评比活动，打造一批洁美庭院、文化庭院，和睦邻里关系，形成"处处风景、家家和谐"的农村人居新环境。

③建设洁美河道。深入落实"河长制"，不断巩固"清三河"工作成效，严防河道污染反弹。重点抓好中堡溪三期虎溪胡陈乡穿村段工程的进度和质量，跟进下涨塘小型农田水利工程、长山主小流域治理、永和上郑坑治理工程建设，启动胡陈村小型农田水利工程、胡东村水环境工程建设。

（4）深化全面提升，完善基础设施。

①完善交通网络。加快推进盛宁线力洋至胡陈段公路工程政策处理工

作，积极配合工程开工建设。稳步实施东仓油路西张至尖岭头公路大中修工程，启动乡公交场站建设，全面改建公交停靠站，打通乡域经济发展脉络，促进乡域经济追赶跨越发展。

②完善民生设施。加快落实乡中心卫生院迁建工程，改善乡医疗卫生条件。加快落实派出所新址，完善乡镇派出所基础设施，提升服务发展和打击犯罪能力。启动乡综合市场建设，满足人民群众生产生活需求。完善乡中心幼儿园各项配套设施和管理机制，确保按年度计划开园服务。进一步落实山区村庄二次改水工作，在长平、张韩等6个村新建蓄水池、改造村内自来水管网、安装净水设备等，改善农民饮用水品质。

③完善环保配套。全面推进农村生活污水治理工程，加快大赖、张韩、车家、中堡溪等农村污水处理设施建设，启动岙里王村生活污水治理工程，改造提升国叶村污水处理设施，进一步推动相关区域截污纳管建设。加快推进乡垃圾中转站建设，进一步健全卫生保洁网络。完善景区基础设施建设，积极响应旅游"厕所革命"号召，在东山桃园、长山主、长平等新建旅游厕所，提升乡村旅游服务水平。

4.实施路径

（1）构建全域目标指标体系。乡域的发展目标需要通过资源整合、产业集聚、市场拓展、空间重构、人口导入、特色打造、生态修复、建设实施、资金筹措、运营管理等环节来指导和落实，这些环节之间具有非常紧密的相关性，因此发展策略一定是综合性的，而不是通过某个单一的规划和设计就能实现的。

建立胡陈乡"资源、产业、市场、人口、空间"五力互动模型，在资源价值分析、评价的基础上认知胡陈乡的特色资源和优势资源，根据当前政策热点和市场趋势，结合资源条件进行市场分析和判断，初步制定发展目标，并建立适合胡陈乡的可持续发展指标体系，对初定目标进行评价、校核。

（2）资源价值驱动下的全域发展策划。基于"资源、产业、市场、人口、空间"五力耦合，提出各个分区的发展建议，包括分区主题、主次功能、功能细分比例、功能联系及重要引领性项目等，同时基于策划思路导入项目，对重点发展区域提出发展建议。

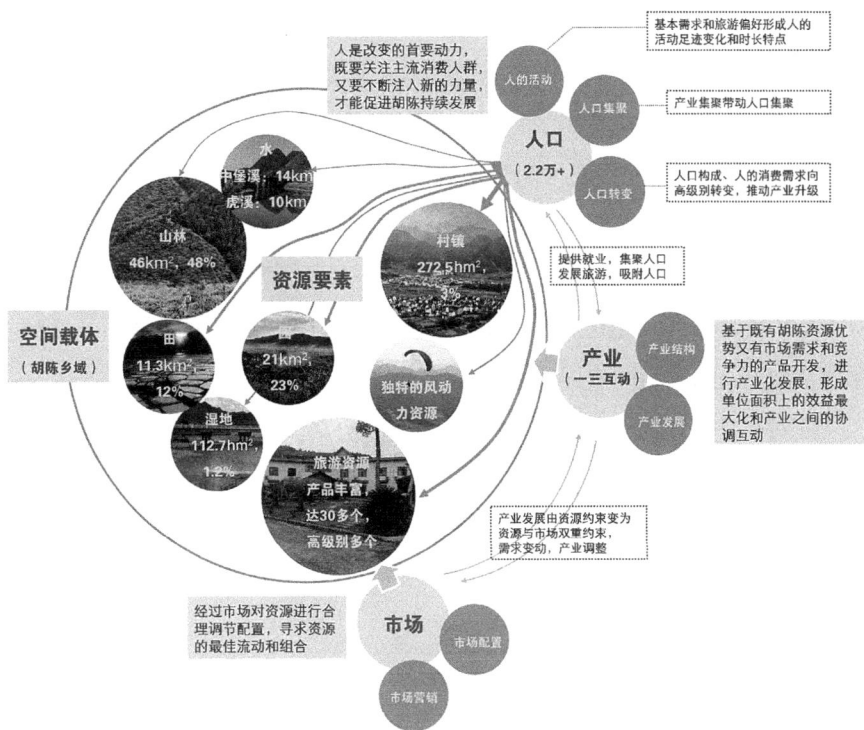

"资源、产业、市场、人口、空间"五力互动模型示意图

①"梧岑黄金湾"：以健康慢活为理念，以现状集镇和生态湿地为基础，植入全新功能，引入专业的酒店管理、地产开发等企业，发挥小镇最大价值。

②农业迪士尼：以现有节庆为基础，为滑翔、露营等项目引入专业的俱乐部。同时，引入具备整合水陆空全域运动区能力的运营公司，进行整体策划，运营管理。

③水上乐胡陈：以健康养生为核心，水上运动引领，湿地观光驱动，凭借双堡溪湿地良好的生态环境，塑造宁波市乃至整个浙江省一流的湿地休闲度假区。

④慢食享健康：打造"慢食"文化中心，回归食物本味，找寻耕种收获的禅意，让城市里的人暂离纷扰喧嚣，回到山野里当一回"新农人"，得到一份本味的宁静与慰藉。

把总体发展目标通过规划分解成一个个不同类型的项目，这些项目之间既相互独立又相互关联，是一个有机的整体。按照实施年份、投资方式、建设方式、建设规模、项目特色等进行适度的营销和推广，不仅可以满足政府管控的要求，又能够满足市场投资主体的需求，从而实现各方利益和效益的平衡。

（3）村镇融合发展下的乡村发展指引。

打破以"城镇"为核心的"城镇+村庄"规划思路和方法，以村庄发展模型类型为核心，重点分析"镇—村""村—村"发展动力耦合关系，结合胡陈乡的发展目标与定位，构建新城乡关系视角下的乡域村镇体系及类型。在此基础上，提出不同作用力形成的分区指引和空间布局建议。

面对村庄发展的多元化、差异性，重点分析其基础条件、外部驱动力和自身资源禀赋差异，进行了不同纬度的乡村发展模式类型划分，因地制宜地制定村庄发展规划指引、建设策略，并从乡域、村庄发展的实际需求出发，提出村级发展建设规划指引。

镇区城市设计效果图

（4）项目落地和国际顶级资源导入。

东山桃园获评国家3A级旅游景区，是省级果蔬采摘旅游基地。东山桃园景区自2009年开放以来，累计投入达1亿元，占地约为1.2平方千米，带动周边休闲旅游相关从业人员1000余人。其中，2016年投入1590万元，新建桃文化广场、秋千广场、露天茶吧、桃园风车和土特产购物中心等。

抢抓民宿发展重大机遇，成功引进"心宿·无尘"山水人文旅游度假空间、九喜·大乐之野胡陈粮仓度假酒店等项目，培育精品乡村酒店品牌。实施特色民宿提升，打造"林下歇""维尼酒店"等乡土民宿，试水"公司化"运作、统一化管理，开展桃文化和梦鼎文化等主题特色服务。

挖掘胡陈乡地域特色，实施品牌化运作，持续推进"美丽乡村美丽游"。通过对接万亩现代农业示范基地，推出"十里桃林游""水蜜桃来尝鲜""金秋采摘季"等体验活动，举办杨梅节、水蜜桃节、麻糍节等特色农事活动，打造农事"节庆链"。

东山桃园整体鸟瞰效果图

胡陈乡已成功举办三届全国户外运动大赛暨"中国户外运动节"，可开展徒步、溯溪、皮划艇、垂钓、越野跑、山地自行车、攀岩、岩降、滑翔伞、拓展运动等户外运动项目；已建成80千米山地自行车道、40千米国家登山健身步道。露营基地位于长山主村，背靠东海云顶景区，有519核桃露营区、自驾车露营区、银杏露营区、草坪露营区、竹林露营区等，是一处集休闲露营、赏景揽胜于一体的露营基地。位于胡陈乡梅山村的垂钓基地，已承办过国家级、省级钓鱼比赛。

胡陈乡梅山村的垂钓基地

三、经验总结

1."目标—策略—规划—行动"的规划引领

坚持规划引领，凝心聚力，攻坚克难，结合小城镇的发展建设目标导向、镇村资源特点、政策或区域发展和近期工作重点，大力推进一二三产业融合，城乡融合和产业、生态、文化的深度融合发展。按照"依托一产发展三产，依靠三产带动一产"的发展思路，紧扣小城镇发展优势和特色基础，结合目标定位和总体规划布局要求，以重大项目、城镇建设和环境品质综合提升为抓手，充分发挥特色农业的产业优势、山清水秀的生态优势、传统人文优势和地域资源优势，加快建设以"美丽乡村、美丽产业、美丽经济"为核心的村镇一体化发展，探索特色化的小城镇发展和建设道路。

2.政策试点，打造乡村振兴示范样板

一方面，结合田园综合体、全域乡村旅游等发展战略的实施，进行优化集成。传统农业产业园区发展思路已经不适合新形势下的产业升级、统筹开发等要求，亟须用创新的方式来解决农业增效、农民增收、农村增绿的问题。田园综合体是集现代农业、休闲旅游、田园社区为一体的特色小镇和乡村综合发展模式，是在城乡一体化格局下，顺应农村供给侧结构改革、新型产业发展，结合农村产权制度改革，实现中国乡村现代化、新型城镇化、社会经济全面发展的一种可持续性模式。结合"标准化"田园综合体建设，探索集现代农业、休闲旅游、田园社区为一体的农业新业态、新模式。

另一方面，结合特色小城镇、小城镇综合整治和美丽城镇建设。通过整合城管、环卫等多方力量，接连开展了"雷霆行动""清零行动"，通过标志性节点和工程建设，优化和提升城镇空间布局与环境品质，具体包括完善镇区标志、标线、标牌，清理乱堆放，消灭卫生死角，清理占道经营、乱竖牌、乱摆摊，强化公共服务和基础设施服务水平，贯彻落实四项长效机制等，开展一系列民生工程，改善镇区主次干道乱停车、乱摆摊、乱占道等现象，使城镇风貌焕然一新。

3.全域全要素，实现产城镇村的融合发展

发挥小城镇城乡纽带的作用，推动产城融合、镇城联动，通过田园综合体建设，以项目驱动实现新型城镇化、小城镇建设、乡村振兴联动发展。以田园为纽带链接多种资源，系统梳理产业、山、水、林、田、文化等，通过全域要素资源融合发展，弥补单一资源优势不突出问题，建设全域旅游景区，打造美丽道路、美丽社区、美丽乡村、美丽茶园等，将美丽资源转化为美丽经济。

全域美丽经济为小城镇提供新的发展动力，大力实施"生态立镇、工业

强镇、服务业兴镇"的综合战略,不断做精农业、做强工业、做大服务业、做靓城镇建设、做好民生工程,努力打造山清水秀天蓝、茶香竹韵果甜、文明和谐宜居的特色小城镇。以实施乡村振兴战略为统领,以建设田园综合体为抓手,以全域一体化推动田园综合体完善升级。大力推进城镇建设,结合小城镇综合整治与美丽乡村,紧扣城镇发展目标要求,对全域村庄进行全面改造和提升,整合村落自然资源和文化内涵要素,构建全乡山水融合和谐发展的全域发展格局。美化全域环境,巩固治理成果。进一步巩固村庄环境卫生整治和垃圾分类成果,形成"共建美丽乡村,共享美好生活"的生动局面,深入落实"河长制",常态化开展治水护水活动,完善旅游厕所、"美丽庭院""美丽沟渠"等工作,形成"处处风景、家家和谐"的乡村旅游新环境。

4.机制创新,探索破解三产融合问题

重点聚焦用地保障、财政支持和产业政策扶持。探索以产业发展联盟为核心的资源整合机制。以茶叶产业链为例,实现种植有机化,培育系统化,销售品牌化以及品类多元化,链接中国科学院院士工作站、专家工作站、本地茶企、农业院校科技公司等科研资源,并对村民进行专业培训,实现"规模生产基地+科研推广平台+服务技能培训"模式的构建,开展国际性茶叶博览会,利用"互联网+"和区域优势,打通线上线下营销宣传渠道,扩大产业产品品牌影响力,也进一步强化农民"三块金"的丰富度和厚实度。

探索建立"管委会+企业"的田园综合体管理运营机制,破解综合体管理体制问题。由工作推进领导小组专职负责协调与服务企业,由企业化运作的平台公司作为投资主体和运营平台,构建起管理服务与产业运营分工协作、优势互补的统一体,以改善营商环境、提升综合体市场化运作。

探索建立"企业+联合社+合作社(家庭农场)+村集体+农户"的农业产业发展机制,破解农村发展利益共享问题。各村村集体经济股份合作社与企业成立农业生产联合社,对农业生产进行统一管理经营,并通过土地反租倒包和农产品购销合同,构建起企业、村集体、合作社(家庭农场)、农户共同参与、分工协作的全产业链发展利益共同体。

探索建立"农户→村集体→企业、合作社、家庭农场"的土地经营权流转机制,破解农业生产规模化问题。充分发挥村两委的基层组织作用以及集

体经济股份合作社主体作用，组织农户土地经营权流转至村集体经济股份合作社，变散乱化土地经营权为规模化土地经营权，并以经营权入股、反租倒包或自主经营等方式与企业、家庭农场、农业合作组织之间进行规模化土地经营权再流转，促进农业生产规模化与土地经营权增值。

探索建立集体建设用地就地入市机制，破解二三产业发展用地问题。与土发集团有限公司达成战略合作协议，率先在莒南县探索开展集体经营性建设用地与农村宅基地就地入市改革试点，利用综合体产业运营平台集中建设农民居住社区，通过整合利用闲置村集体建设用地，鼓励群众有偿退出宅基地，解决二三产业发展和基础设施建设用地问题。

探索建立"1+N"产业扶持和资金投入机制，破解三产融合问题。其中，"1"为农业产业；"N"为其他产业，通过整合政策性产业扶持资金重点投向农业产业，减轻社会资本对农业产业投入大回报周期长的顾虑，引导企业以农业产业为依托进行二三产业投资，实现三产融合发展。

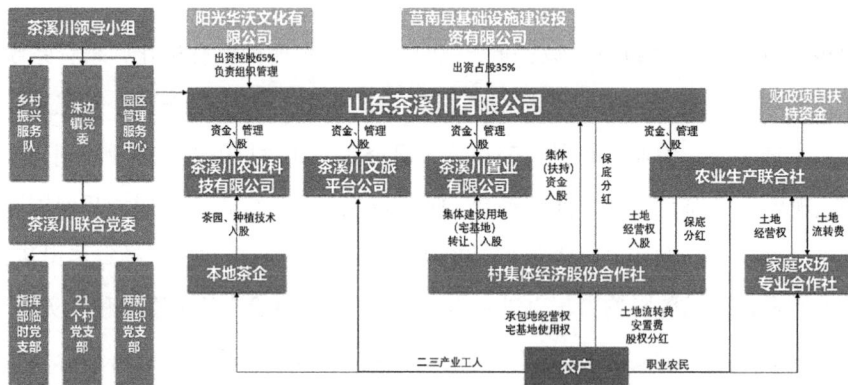

茶溪川田园综合体运行机制示意图

第三节　绿色发展与生态型小城镇

一、浙江省天台县石梁镇

1. 乡镇概况

石梁镇位于台州市天台县北部山区，东邻宁海县，北靠新昌县，西接白鹤镇，南连赤城街道和华顶林场，是台州的北大门，距城区约23千米，全镇区域面积约为158.3平方千米，下辖31个行政村，240多个自然村，1.7万人口。

石梁镇镇区绝大部分海拔在500～1000米之间，具有独特的高山风景地貌。境内森林覆盖率达到了86.9%，有多种国家珍稀动植物，有国家一级保护树种——浙江七子花，世界唯一的天台特有植物——华顶杜鹃，拥有江南唯一的野生云锦杜鹃林（树高3米以上），是黄山松的种子保护基地，更是云豹等国家珍稀动物的栖息地。水资源丰富，是天台城区饮用水库——黄龙水库的所在地，是绍兴市新昌县饮用水库——长诏水库水源地，也是宁波市饮用水库——白溪水库的水源地之一。

石梁镇境内自然、人文资源丰富，水山奇绝，名胜古迹遍布，有石梁飞瀑和华顶森林公园两大景区，是国家级5A级风景名胜区（5A级景区）的核心景区，是著名的"唐诗之路"的终点，李白、杜甫、孟浩然、皮日休等著名诗人曾在此留下不朽的诗篇，还是中国佛教文化第一宗——天台宗——的发祥地，佛教文化声名远播。石梁镇一直秉承"生态就是第一资源，生态就是发展基础"的理念，结合高山蔬菜、茶叶、笋制品、中药材、特色水果、高山花卉等农特产品，已经发展建设成为具有休闲、观光、宗教朝拜、商务会展等功能的生态度假旅游名镇。

石梁飞瀑

华顶森林公园之"高明讲寺"和"华顶讲寺"景观

华顶森林公园之"古方广寺"和"华顶杜鹃"景观

2.生态型小城镇与美丽城镇建设模式

石梁镇一直高度重视生态文明建设，早在2003年就将生态镇建设纳入了政府重要议事日程。2007年，石梁镇被评为浙江省省级生态镇；2011年，被国家环保部授予"全国环境优美乡镇"的称号，即国家级生态镇；2014年，国家环保部印发了《国家生态文明建设示范村镇指标（试行）》，以推进农村生态文明建设，打造国家级生态文明乡镇，引导各地开展国家生态文明建设示范镇创建工作；同年，浙江省委作出《关于建设美丽浙江创造美好生活的决定》，对"两美"浙江建设提出了明确的构线思路——"坚持先进标准引领，高标准推进生态文明建设"。"十三五"期间，将国家级生态文明示范镇作为工作重点，打造乡镇生态文明建设典范；2017年，启动小城镇环境综合整治；2020年，被选入浙江省美丽城镇建设样板创建名单，对标"十个一"和"五美"建设要求，积极推进和探索美丽城镇发展新路径。

石梁镇鸟瞰图

在实施乡村振兴战略的背景下，浙江省把城镇建设作为带动乡村发展的龙头。完善城镇功能、彰显城镇特色、强化城镇统筹能力，以镇带村、镇村联动，加快走出城乡融合发展之路，在小城镇综合整治基础上全面开展美丽城镇建设，并将其作为新时代浙江乡村振兴之路的有力抓手。美丽城镇建设行动是以全方位的视角、更高的标准，审视并提升小城镇环境质量，推进生态修复、有机更新，打造"城镇村三级联动发展、一二三产深度融合、政府社会群众三方共建共治共享，功能便民环境美、共享乐民生活美、兴业富民产业美、魅力亲民人文美、善治为民治理美"的城乡融合发展的城镇，以城乡融合发展为引领，统筹推进空间布局、生态保护、要素配置、产业发展、基础设施、公共服务、文化传承、社会治理等相互融合、协同发展，全面实施五大提升行动。"十个一"标志性基本要求是指：一条快速便捷的对外交通通道，一条串珠成链的美丽生态绿道；一张健全的雨污分流收集处理网，一张完善的垃圾分类收集处置网；一个功能复合的商贸场所（指便利店、连锁超市、综合市场、商贸综合体或商贸特色街等），一个开放共享的文体场所（指图书馆、体育场馆、全民健身中心或文体中心等）；一个优质均衡的学前教育和义务教育体系，一个覆盖城乡的基本医疗卫生和养老服务体系，一个现代化的基层社会治理体系和一个高品质的镇村生活圈体系。这"十个一"简称为"2道、2网、2场所、4体系"。

3.建设重点

充分发挥石梁镇生态环境优势，以美丽城镇建设为抓手，深化推进生态建设，打造集旅游、休闲、康养于一体的特色小镇，明确好城镇发展边界，完善公共服务配套，建设城乡一体化服务体系，以"十个一"标志性工程为主线，以优质便民的镇村生活圈为载体，大力发展文化休闲旅游产业，紧扣"五美"建设，打造"一心两轴五区"的发展格局，打响石梁镇"文化+养生+休闲"的城镇品牌，建设独具唐诗风韵的世界级高山文旅度假小镇。

石梁镇美丽城镇建设以全域统筹发展为出发点，以中心镇区更新为工作重心，通过塑造生态格局、完善基础服务、提升经济动能、彰显文化精魂、推动高效治理五大提升行动，进一步提升城镇品质，构建五美共融的新时代美丽城镇。

（1）基础提升，打造功能便民环境美图景。在公共服务设施与市政基础设施方面，建立层级配套、优质多元的设施体系，打造内畅外联的城镇交通体系，镇域范围以县道为主，乡道为辅，形成主次分明、快慢结合的路网系统；镇区内以低速交通为主，同时构建绕山、穿林、沿水的慢行道路系统，建设美丽公路，倡导公交优先与绿色出行。除基本的城镇公共服务设施外，重点加大旅游服务配套设施建设，为全镇居民及外来游客提供良好的教育、医疗、商业、养老、文体、给水排水、电力电信等服务供给，推进"海绵城镇"建设和提升城镇数字化水平，整治提升电力通信设施，实施网络设施数字化迭代，加强城镇数字化管理，进一步提升城镇的数字化、网络化、智慧化水平，不断完善智慧城镇建设。

石梁镇入口

云端小镇入口

（2）民生提质，打造共享乐民生活美图景。

①提升住房建设水平。近远期结合，加快推进居住区建设，积极引进绿城等知名地产商，利用有效的建设空间开发商业地产项目，建设智慧、绿

色、品质化的住宅小区，满足居民对住房品质的需求。融合浙派民居建设，打造石梁镇现代版"富春山居图"，高山养生休闲新地标。

②构建商旅联动的商贸服务体系。在现有十字"天街"商业街的基础上，丰富商业街业态，合理布局快递、餐饮、便利店等便民服务设施，实现建成区5分钟全覆盖。合理布局、规范建设一处星级农贸市场，实现农产品销售的规范化管理。依托绿城莲花小镇商业街，近期配置台岳精舍、归云养生馆、非遗文创馆、天睿BAR、云起餐厅、麓莲书院等新兴业态，提升镇区的商业品质。建设天桥贯通石梁唐诗"天街"和绿城莲花小镇商业街，发展高端商业服务，实现镇区与莲花小镇的联动发展。

十字"天街"立面改造效果图

石梁十字"天街"实景图

高山酒吧——马楚·比楚　　　　　　　麓莲书院

③构建普惠共享的文体服务体系。优化提升镇区24小时和合书吧、各村文化礼堂、文体综合服务中心等公共文化设施。积极推进唐诗拾遗馆和文

化展示馆等文化载体的建设，并通过完善其管理制度和运营模式，实现文化设施免费开放，建立开放共享的文化服务体系。常态化开展民俗体验、讲座展览等群众性文化活动，巩固与县级文化表演团队的合作，定期举行唐诗主题文艺演出活动，丰富群众文化生活，联合优秀文化团体，加强与清华、浙大等高校及唐诗之路文化研究院的合作，推出唐诗之路论坛、诗人研修班等活动。开展全民健身，构建多样化的体育设施，加快建设四季冰雪乐园，建设体育馆等便民运动场地，并结合公园绿地设置健身器材，满足群众户外健身的需求。开放学校操场，强化体育设施共享。以文化为媒，突显唐诗文化主题，定期开展唐诗毅行、绿野骑行等主题运动。打造多层次的医养服务体系，结合养老院和疗养院的建设，实现镇区养老服务设施的5分钟全覆盖，为老人提供全方位的保健、医疗、理疗、康复等医养服务。联合莲花小镇，吸引优质合作伙伴，发展高端康养产业，提供综合医疗、养生、护理、养老各类服务、能为老年群体提供连续性健康服务和为旅游度假人群提供优质的养生服务，建设面向长三角的高山康养度假区。保障基础教育、开展特色教育、共享高等教育，构建优质全面的教育服务体系。

（3）产业提效，打造兴业富民产业美图景。

①培育发展特色农业产业集群，发展现代农业。在现有山林、田园资源基础上，依托优势旅游产业发展，拓展农业生产方式激发农业活力。通过融入互联网、大数据等智慧元素，大力发展现代农业、休闲农业，如智慧农业、共享农业、精致农业、设施农业、农事体验、农事科普等。引导发展"互联网+旅游""农业+旅游"，发展现代服务业，将旅游休闲活动融入农业生产的各个环节，运用现代移动互联网技术，为人们提供科技示范、种养生产、加工、交易、体验、教育等多种复合功能的休闲体验与服务，将生产活动转化为体验项目，让消费者参与到产业链的上游环节，提升第三产业产值增长。加强农业与第三产业融合，结合石梁镇旅游产业发达的优势，积极发展高山果蔬种植采摘、苗木观赏等具有观赏游乐体验性农业休闲产业。在活化传统农业的同时，成为发展农旅结合的一个增长点，与旅游产业齐头并进。

②积极探索数字农业发展与技术创新。通过图像识别及物联网（Internet of Things，IOT）技术，利用人工智能算法建立农业智能种植风控体系，预测农户在未来半年内的种植收益和种植风险，实现动态评估，规避

天台山云雾茶

高山蔬菜

黄精

华顶杜鹃

风险，提高农业收益。

③深挖内涵，做强休闲旅游。打造"一轴、一心、多片区"的休闲旅游产业格局，建立以镇区为核心的旅游服务体系，结合铜壶景区、华顶景区、佛陇景区、琼台桐柏景区及绿城·莲花小镇五大平台基础，发展特色休闲旅游，同时结合各类资源的独特性和稀缺性，发展纵向延伸，植入主题项目，如文化研学基地、红色文化、户外运动、文化创意、多元化康养休闲项目等。

（4）人文提品，打造魅力亲民人文美图景。

①保护文脉，传承历史记忆。加强"四有"工作，完善各级文保单位的记录档案，对于大同寺、浙东游击纵队后方医院、高明寺、永济桥等不可移动的文物点，要建立完善的保护档案，并逐步加强其保护力度，构建全面的历史文化保护体系。活化利用文化资源，抢救性修缮与保护文保单位，延续其原有的功能，保存历史的真实性、风貌的完整性。建设历史文化展示馆，集中化的展示石梁镇的文化底蕴，同时结合互联化技术，建立历史文化资源数据库，数字化、立体化展示历史文化。挖掘传承非物质文化遗产与民俗文化，加强宣传与展示利用，结合唐诗拾遗馆建设非遗展览馆，为非物质文

化遗产提供空间载体。开设非遗传承人文创工作室，从事非遗传统技艺的研究、创作和传播，培养专门人才，并通过文创产品更好地保护和传承民俗文化、非遗技艺。

②复苏传统村落，创建景区村庄。根据《天台县历史文化名城保护规划》中对传统村落提出的保护措施，稳步推进国家级传统村落——天台县石梁镇迹溪村的保护与利用。遵循规划引导的准则，将村落及与其有重要视觉、文化关联的区域整体划为保护区并编制传统村落保护规划。保护村庄格局肌理、空间尺度，修缮传统民俗，展现古村风貌，体现村庄的文化内涵，加快推进全域景区化建设，创建A级景区村，基本完成景区村创建"十个一"要求。天台县石梁镇九里溪村创建3A级景区村，根据景区村创建评分准则，进一步完善村庄的设施配置，重点展现村庄的产业特色。

③有机更新，提升城镇风貌。自然、文化、生态的有机融合，进行整体风貌管控，塑造乡镇特色风貌，以石梁镇中心住区为核心，对镇区背街小巷进行外立面改造，积极推行美丽庭院建设，开展农房风貌提升行动。建设特色鲜明的城镇公园，加强生态保护、修复，提升园林绿化水平，积极创建省级园林城镇。

④文旅融合，完善旅游配套。顺应乡村旅游发展的趋势，重点完善住宿服务体系、交通服务体系和智慧旅游体系等，围绕游客对吃、住的需求，重点培育特色民宿和农家乐。依托绿城综合开发和乡村旅游，形成以星野禅意度假酒店为核心、民居民宿化为特色的住宿体系，近期重点强化镇区精品民宿群建设，远期结合老旧建筑改造，结合唐诗文化特色，建设唐诗主题文宿。在稳步推进A级景区村创建的基础上，完善村庄的旅游服务设施，优先在3A级景区村利用现有民居进行民宿化改造，同时依托优质的生态环境和

石梁镇的旅游公厕

云端唐诗小镇文创产品

高山农业生产，发展精品农家乐，提供采摘、制作、品尝一条龙服务。

（5）治理提标，打造善治为民治美图景。重点从"环境卫生、城镇秩序、景观风貌"三个层面建立长效管控机制，同时不断完善已经形成的"十米河长制""路长制"等管理机制。深化最多跑一次改革，继续完善"跑小青"流动工作室、"周五快递"服务和"逢十说事"平台，推动三治融合发展，实现共建、共治、共享的社会治理格局。以和合文化为内涵，积极开展志愿者服务活动，推进乡风文明建设，打造文明乡镇。

4.实施路径

（1）优化城镇空间布局。视角拓宽，从天台全县角度分析石梁镇，融合多尺度空间价值，审视其区域分工，做好产业、设施等的衔接，推动石梁全方位发展。跳出老镇区与绿城"两心"分散发展的城镇格局，改变衔接不畅的拓展架构，统筹镇区公共服务与旅游配套两大板块建设；联动镇村，以长补短，破解产业点状发展难题，从分散发展走向协调和谐的品质发展。立足现实，联动石梁镇铜壶和华顶国家森林公园两大景区，培育景区村，将旅游线路向镇域纵深延展，同时培育特色农旅、文旅业态，构筑大旅游创新发展格局。结合"多规合一"，科学划定"三区三线"，通过多维区域对接，从农业生产、城镇生活、山水生态三大空间着手，在镇域范围由中心向外围，形成生活、生产、生态的整体格局，塑造人文和谐城镇空间、富民兴旺农业空间、山环水绕生态空间。严守生态安全底线，充分利用城镇发展空间，构建山水城共融、多片区集约紧凑发展的空间架构，镇区形成"一心两轴五区"的空间结构。

（2）发展生态特色产业。建立以高山蔬菜为主的规模化高标准蔬菜基地，以市场为导向，拓展传统主导产业——"石梁"牌高山蔬菜，积极引进推广如尖椒、甜玉米等新品种高山蔬菜，大力推广运用现代农业科技成果、现代农业生产手段和现代经营管理方式，促进主导产业升级，提升农产品质量。加大现有农业特色品牌的宣传推介，提高市场竞争力。深化百里观光果园建设，继续种植樱桃、水蜜桃、猕猴桃等特色水果，打造新老天北线沿线观光农业精品景观带。将高山水果自由采摘特色线路与石梁镇自然景观、农家乐、绿城休闲度假村等项目相结合，辐射带动片区发展。突出"有机、绿色"，重点发展粮食、蔬菜、水果等认证。推行"互联网+农业生产""互联网+农业经营""互联网+农业服务""互联网+农业管理""互联网+农业科技创新"等"互联网+"工程。围绕镇域内外四大核心景区，联动景区村、特色村，拓展旅游类型，向农旅延伸，构建全域旅游新品牌。以高山特色农业种植为核心，整合农业资源，向观光农业、数字农业、共享农业拓展，打造高山生态农业示范镇。

（3）完善生态文化制度。以石梁镇特有的文化底蕴为基础，全面建立以崇尚自然、保护生态环境、可持续发展为基本特征的生态价值观、道德观、生产发展观和绿色消费理念，培育先进文明的生产与生活方式，促进以良好的社会风尚、公共秩序和优美的环境质量为主要标志，提高全镇人民参与生态建设的自觉性和积极性，培育"和谐、文明"的生态文化体系。宣传倡导低碳生活方式，推动政府机关办公节能监管体系建设，大力提倡绿色办公、绿色采购，并鼓励、带动企业和居民使用节能环保产品。加快推广节能、环保产品，倡导低碳消费，广泛开展"美丽石梁，从我做起"宣传教育活动，树立公众低碳生活理念。在餐饮、宾馆、商店、娱乐及相关行业制定和实施绿色消费标准。将生态文明建设写入村规民约，鼓励村民减低农药化肥的施用量，倡导村民实行垃圾源头分类，保护和修复自然生态。建设生态文明教育基地，加大公众生态文明知识培训力度。每年定期对指标达成情况进行考核，对典型区域、断面的水、气、声、土壤及农村分散型供水水源进行检测。建立生态文明建设管理信息系统，做好建设指标和台账体系的资料收集和分析工作，及时将环境信息和生态文明建设情况向公众发布。

二、内蒙古自治区兴安盟阿尔山市白狼镇

1. 乡镇概况

白狼镇地处大兴安岭中段岭脊南侧，位于阿尔山市东南30千米处，北与阿尔山林业局毗邻，东、南与五岔沟镇接壤，西与蒙古国毗邻，边境线长40千米。境内乌阿高速、省道203穿镇而过，白阿铁路穿过镇区，并在镇区设有车站，镇区距离阿尔山伊尔施机场58千米，仅1小时车程，距离规划五岔沟通用机场45千米。镇域总面积720.55平方千米，镇区建成面积约2.15平方千米，现辖白桦林社区和林俗村、鹿村两个自然村，有蒙古、汉、满、朝鲜4个民族，常住居民983户，3149人。其中，林业人口约占全镇总人口

的80%。

　　白狼镇旅游资源得天独厚，既具备当今世界旅游潮流的阳光、空气、绿色三大基本要素，又具有自然景观与人文景观相互交融的特点。白狼镇是洮儿河的发源地。其年平均气温为−4摄氏度，从每年的9月末至次年的5月初都被冰雪覆盖，冰雪期长达7个月，冰雪平均厚度达70厘米，素有"东方瑞士"之称。同时白狼镇拥有温泉眼，常年出水温度39摄氏度，另拥有3300米以下的天然矿泉，水流量859吨/天，含有70多种微量元素，被赞为"天下第一奇特大泉"。白狼镇的林区民俗文化历史悠久，独具特色。在迷人的自然生态背景下，淳朴而又浓郁的林俗风情既可实现回归自然、释放自我、洗练心灵的愿望，也可体验别样的林俗风情。

白狼镇观景平台

2.林区小城镇与可持续发展模式

　　（1）立足转型的可持续发展路径。地处大兴安岭的白狼镇森林覆盖率高达86%，是中国北方的林业重镇，村民在二十年前多以伐木为生，随着砍伐的树木越来越多，生态环境的破坏也越来越严重。在国家生态保护的大背景下，当地政府呼吁保护生态，大家也纷纷放下斧头砍刀，另谋营生。自全面停伐以来，白狼镇一直在探索"生态工业＋特色农牧业＋特色旅游"的融合发展之路，着力发展林俗旅游，带动越来越多的当地居民从普通农民转向旅游从业者，形成了"放下斧头当导游，小康生活不用愁"的风气。从砍树到养鹿再到建民宿，从伐木工到农场主，对森林的保护性发展，对生态资源的深耕利用，换来了白狼镇2020年全镇旅游人数超20万余人次，直接旅游收入近1亿元的成果；在生态环境保护和发展绿色经济上走出了一条可持续发展的道路，将绿水青山变成了金山银山。转型后的白狼镇既是生态资源型小城镇，又是旅游特色小镇，依托丰富的生态、冰雪、矿泉和林俗文化资源发展生态产业，这种保护与发展并行的高质量发展具有特定示范意义。

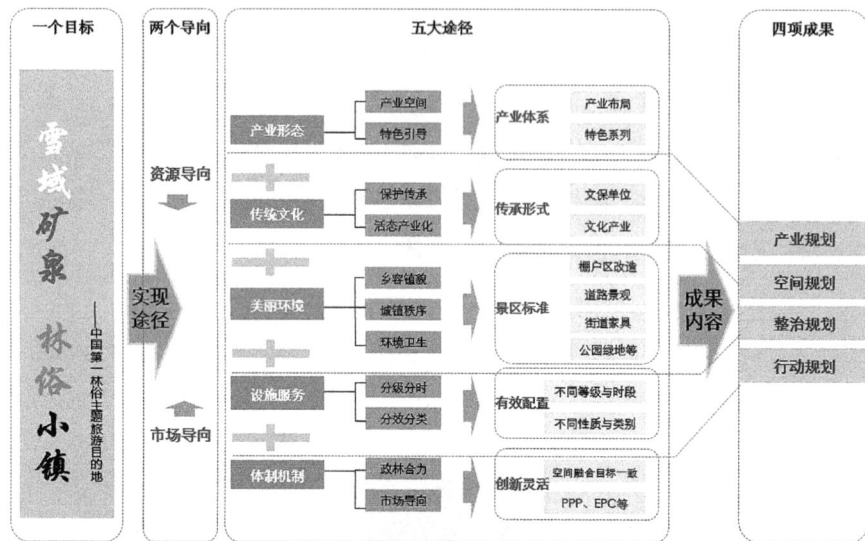

白狼镇发展框架和路线图

①资源保护与生态文明建设。建设生态文明，实现人与自然的和谐发展，是人类持续生存和发展的必然选择。森林是陆地生态系统的主体，林业是实现人与自然和谐的关键和纽带。发展林业、积极推进森林资源可持续经营，对减少自然灾害、减缓温室效应、农业增产增收和维护物种安全都具有十分重要的作用。其中，封山育林是保证树林成长的一种快捷路径，也是发展林区经济的重要措施。

②资源链接与产业链延伸。白狼镇依托得天独厚的水资源优势，在绿色产业发展上立足做强水文章，先后引进蓝海集团和汇东集团两家企业入驻白狼，开发建设望远山矿泉和林俗村矿泉，蓝海矿泉水厂已成为阿尔山矿泉水的主要生产地；汇东集团水知道矿泉水厂也于2016年10月实现设备安装调试进入试生产阶段，配套水博物馆建设工程也已完成用地选址、可研编制，正在办理前期手续。目前，两家企业投资均在2亿元左右，计划年生产能力均在20万吨，成为全市第一大利税企业。绿色工业的全面发展，有力地推动了白狼镇旅游产业发展。

白狼镇标识

（2）林区小城镇的可持续发展模式。林区小城镇依托林业资源优势，从资源型小城镇向生态旅游型小城镇发展的转变具有长期重大的战略意义，尤其是林区小城镇基于特定管理体制的转型，在这种发展转变过程中面临着一系列的问题需要解决。

①资源约束下的产业选择。林区小城镇经济是建立在林业经济的基础之上的，人口、资源与环境矛盾的解决最终还要靠经济发展。一方面，需要建立起有效的林区小城镇经济持续发展的机制，解决公平和效率两方面的问题，不以牺牲生态效益为代价换取当前经济利益；另一方面，需要正确选择经济增长方式，优化产业结构，依靠科技进步，提高生产率、节能降耗、提高经济效益的集约型经济增长方式的道路。

白狼镇确立了以林俗旅游产业带动绿色工业，特色种、养殖业融合的发展理念。绿色工业在壮大城镇发展经济基础的同时，也为白狼镇绿色工业游提供了特色景点，这也契合了阿尔山市建设国内一流的健康水产业示范基地的发展定位。同时，特色种、养殖业也为旅游业发展提供特殊的景观，白狼镇主打的观光农业和特种养殖，为游客打造优美的农业景观的同时，也为旅游纪念品的加工和特色餐饮提供了优质的原材料，延长旅游产业链，增加了产品的经济效益。以林俗村为载体的林俗风情体验活动在"杜鹃节""腾讯网旅游推广会"中受到众多的都市游客青睐。

②多方融合下的镇区功能构建。林区小城镇经济是城市经济的基础层次，它兼有城市经济和农村经济的双重特征。镇区的建设和功能配置也兼有

城市和农村属性，森工企业集木材生产、营林、多种经营、林产工业四大产业于一体，企业功能，社会职能和部分管理职能于一身，但所在地缺乏小城镇的"聚集力"和"扩散力"。随着国民经济的发展，产业政策调整和资源萎缩等诸多因素的影响，企业的资源性、体制性和结构性矛盾日益突出，经济发展陷入了举步维艰的境地。林区小城镇建设必须坚持经济效益、社会效益、环境效益的统一，逐步实现森林资源的永续利用。也要考虑为林区人民的生活、生产提供一个舒适的环境，要适应城镇居民生产方式和生活方式不断提高和演变的需要。白狼镇通过完善城镇基础设施，加强城镇环境整治，改善居民居住条件来提升城镇的生活品质和环境品质；通过旅游业和绿色工业来拉动城镇就业，提高城镇集聚能力；通过矿泉和林俗文化的推介，强调生态本底优势来塑造城镇形象，打造旅游品牌，提高城镇知名度。

③林区与属地的融合发展探索。在林区小城镇属地化的融合发展过程中，应当充分发挥地方政府在其中的主导作用。地方政府在开展新型城镇化建设的过程中，有足够的意愿和充分的政策以及相对较为成熟的社会动员能力，以地方政府为主导开展新型城镇化建设，能使资源型小城镇及时纳入新型城镇化建设的整体规划，而且更高效地实现新型城镇化建设的目标。规划确定白狼镇性质为阿尔山市"一城三区"的核心城区之一，阿柴旅游区重要的休闲接待基地，以旅游和林牧产品加工为主导的独具雪国林俗特色的现代化旅游小城镇。

白狼镇依托于自身优势，通过对生态环境保护和基础设施建设、老小区及棚户区改造、新村建设等项目，结合PPP发展模式、鼓励自主创业等方式实现居民整体增收，进一步推动全镇三大产业的发展壮大，镇域经济实力得到提升。在线上构建"林海白狼"平台全面提升和推广白狼镇的知名度，同时完善白狼镇村镇信息服务平台，提升政府办事效率和查看游客意见的及时反馈，使白狼全域旅游大数据化、网络化、透明化、简单化。

3.建设重点

（1）特色小镇建设培育。白狼镇作为新中国最早的国有林区之一，具有独特的区位优势、气候环境和历史沿革，这些赋予了其独有的旅游产业资源和历史文化魅力。为充分实现资源价值转化，提升竞争力和影响力，需要系统的梳理白狼镇及其周边区域现有独特资源，特别是堪称绝配的"森林与草原相拥，冰雪与温泉相伴"的组合资源。立足于"健康中国"国家战略，利用草原、森林、冰雪、温泉等资源发展特色性、主题性户外运动，利用矿泉资源发展疗养度假功能，打造一个具有全国独特性的以"健康"为主要发展方向和目标的国家级特色小镇。

白狼镇生态资源

白狼镇洮儿河生态公园

近年来，白狼镇始终坚持"生态立镇，旅游强镇，文化兴镇，产业富镇"发展战略，确立了打造"林俗雪村，矿泉小镇"发展定位。在环境整治上，着重整治洮儿河景观带、洮源度假区以及各大景区，提升整体环境形象，全力提升基础设施投入力度，大力实施棚改安居工程、十个全覆盖工程和镇区绿化、美化、亮化、硬化工程，镇区重点杜绝脏乱差、管线杂乱、街面破损等负面形象，提高居民整体环保意识，实现镇区景区化。

在产业培育上，结合现有产业基础，着力发展第三产业，实现全域旅游新格局，加大景区的相关建设与宣传力度，完善基础设施容量，提高服务行业水平；第一产业以平稳发展为主旨，适当扩大养殖面面积以及养殖种类；持续推进林业经济转产转型，充分发挥林俗旅游业、绿色矿泉业、特

白狼镇的老村改造及棚户区改造的规模

项目		规模	投资项目
老村改造	房屋屋顶翻新	28 户	
	外墙保温		
	门窗/牌额		
	立面改造		
	主街及村内巷道硬化	2000 米	
	安全饮水井	24 眼	
	新建村级服务综合体	968 平方米	
	文化广场	5600 平方米	
	林俗文化长廊	96 米	
	铺设彩砖	3500 平方米	
	种植花卉	1600 平方米	
	铺设草坪	4900 平方米	
	栽植乔木	750 颗	
	种植灌木	4100 簇	
棚户区改造	签订拆迁合同	512 户	
	拆除破旧房屋	300 余户	

色农牧业和林下产品加工业四大产业拉动作用,逐步将白狼镇打造成了集休闲养生、餐饮娱乐、冰雪运动于一体的综合性旅游接待基地。

（2）打造全域旅游格局。白狼镇始终坚持以打造全域旅游新格局为核心,大力发展全域旅游、四季旅游。结合城乡与景区一体化发展思路,按照整体规划、分步实施、重点推进、尽快见效的原则,按照做大节点、做特游线的理念,充分挖掘本地区独特的历史文化、林俗文化、冰雪资源和矿泉资源优势,以"旅游+"模式为基础,突出"为旅而为"的整体产业发展思路,通过"旅游+特色农牧业""旅游+绿色矿泉业""旅游+摄影""旅游+书画""旅游+餐饮""旅游+体育""旅游+商贸"等多种形式大力发展林俗旅游产业。以纵贯白狼南北的S203线景观带为"主轴",按照"一心、三区、四园"进行组团式布局。一心即镇区和林俗村;三区即洮儿河湿地公园白狼峰景区、奥伦布坎休闲旅游度假区、南兴安爱国主义教育景区;四园即野生动植物观赏园、绿色矿泉产业园、温泉养生度假园和冰雪运动体验园。将白狼镇打造成为大兴安岭地区最具地域特色林俗文化体验地、原生态冰雪观赏运动目的地和矿泉养生旅游休闲度假地。

目前，全镇已拥有奥伦布坎、白狼峰、林俗村等多个景区，以及洮儿河、莫尔根河两座国家级湿地公园。此外，花海乐土洮源新村、古朴典雅林家大院、历史再现林俗博物馆、童话世界百里雾凇、红色教育基地南兴安碉堡隧道、神秘幽静的野生动物园等景观景点远近闻名。作为阿尔山世界地质公园的重要组成部分和5A级阿尔山国家森林公园距离最近的景区，每年到这里休闲度假、摄影采风、森林体验、温泉疗养的游人络绎不绝，并于近两年间成功承办了国家级雪地摩托车大赛、湖南电视台《跑男》节目组走进林俗村和中国文联乡村大舞台走进白狼活动。

洮源新村旅游景点

户外定向比赛标识

（3）打造特色旅游线路。

①以林俗村整体开发为核心，打造林俗文化风情游。将原有林俗村居民区居民全部外迁，由商业运营公司整体打包经营，设立景区管理接待中心，倾力打造林俗村的"林俗文化"品牌，夏季打造以采摘、品尝美食、种植、林俗互动等多种娱乐为一体的休闲度假地，冬季打造以冰雪为主的多种民俗活动项目体验地。

在已建成的林俗文化演绎基地与林俗文化博物馆基础上，在展示过去林业工人的生产、生活场景和创业艰辛历程的同时，建设林俗风情度假区高端接待中心，提升林俗文化风情体验的感官。

②以鹿村特色养殖为平台，打造特色种养观光游。以鹿村养殖、销售、观光、餐饮为发展平台，启动野生动物观赏园建设项目。积极推进以梅花鹿、野猪驯化繁育为主，以林下旅游纪念品加工销售为辅的特色产业基地建设。

林俗互动　　　　　　　　　　　　梅花鹿

③以矿泉水开发为基础，打造绿色工业生态游。以丰富的矿泉资源为基础，推进蓝海、汇东矿泉水公司等龙头企业稳步发展，通过对龙头企业的生产组织参观游线，使其成为白狼镇绿色工业生态游的亮点。

④以滑雪度假区为重心，打造冰雪运动极限游。以开发白狼峰原生态森林地质滑雪度假区为平台，以岭上雾凇观光、冰雪摄影为抓手，推进白狼冰雪旅游产业的不断发展壮大，打造集多种户外冰雪运动于一体的整合型一站式冰雪旅游度假目的地。

⑤以爱国主义基地为中心，打造红色文化教育游。整合抗日战争时期遗留的红色文化遗迹，保护并建设南兴安爱国主义教育基地，弘扬爱国主义情怀，推进红色文化旅游的发展。

⑥以景区、景点建设为主线，打造自然风光体验游。大力推进白狼峰景区、白狼镇休闲度假区和奥伦布坎休闲旅游区的开发建设，配合白狼洮儿河国家湿地公园进行总体开发建设。

（4）分季打造特色节庆。习近平总书记视察阿尔山市时，对其自然风光不由地发出"四季都很美"的赞誉，尤其是总书记对"阿尔山的旅游一定会火起来"抱有殷切期望。为更好地抓住这千载难逢的机遇，白狼镇以杜鹃节、圣水节等节庆活动为媒，在生态引领下大力推出集观赏性、体验性、休

白狼峰景区

闲性于一体的旅游产品，以节促旅，全面推进"旅游+"的建设步伐，助推旅游产业的快速健康发展。

①春："以花为媒，以节促旅"。白狼镇是远近闻名的杜鹃之乡。近年来，白狼镇依托当地的花木资源优势，在白狼峰景区打造"杜鹃节"，每到花开季节，火红杜鹃花海都会吸引四面八方的游客前来观赏，赏花自拍、品尝林家菜、感受独居特色的林俗文化。林俗村越来越多的村民也从普通农民转向了旅游从业人员。

②夏：借助"圣水节"让小镇夏日旅游加温。近年来，白狼镇借助阿尔山圣水节的召开，让游客体验远古温泉带来纯净的同时，亲密接触林区人的热情与豪爽，探秘最具有大兴岭林区特色的生产生活体验地。

③秋：传承林俗文化，彰显独具魅力"林俗文化节"。白狼镇林俗文化厚重，随着阿尔山市确立以旅游业为主导产业的发展战略，为白狼镇林俗文化发展注入了新的动力。近年来，经政府引导、市场运作，不断对林俗文化提质升级，使其成为阿尔山市多元文化中一个不可或缺的组成部分。白狼镇围绕林中人家的吃、住、行谋划旅游项目，打造了林俗村、鹿村、洮源新村等旅游休闲目的地，受到游客的欢迎和认同。随着林俗旅游产业的日益壮大，白狼镇陆续举办"林家乐"活动周、白狼林俗文化节等多种节庆活动，形成了以节促旅、以节造势、以节庆活动塑造林俗旅游品牌的发展模式。

④冬：依托冰雪资源，打造特色"滚冰节"。"走鸿运、拾万财、滚白冰、祛百病"是当地群众对元宵滚冰习俗的传统说法，这项有着近百年历史的节日近年来在阿尔山市白狼镇得到了传承和发扬，越来越多的当地青年也表现出了对这个传统节日的喜爱。

（a）杜鹃节

（b）圣水节

（c）林俗文化节

（d）滚冰节

白狼镇的四季节庆活动

4.实施路径

（1）对标中国特色小镇创建目标。以中国特色小镇创建为目标，按照"特色鲜明的产业形态、和谐宜居的美丽环境、彰显特色的传统文化、便捷完善的设施服务"的任务要求，通过对白狼镇的发展现状的评价分析，梳理其发展的核心问题。

针对特色产业、旅游产业、文化、生态等重要方面制定较为详细的发展思路和发展策略，实现生产、生活、生态融合发展；强调"产业、旅游、文化、社区"四态合一；强调特色突出，防止千镇一面；强调市场主导，搭建服务平台。白狼以独特的冰雪资源、生态优势、林俗文化和矿泉资源为载体，通过产业引导、风貌营造和文化挖掘来指导特色小镇的发展。以特色小镇为平台，整合全镇资源，形成全域景区化的产业体系，以"旅游+"为抓手，构建冰雪运动产业、矿泉养生产业、林俗文化体验产业和观光休闲产业四大产业体系。打造全时旅游、产业联动的，具有国际影响力的旅游目的地。

洮源度假村

（2）五大核心途径。

一是以产业转型定特色。镇区集聚产业空间，将可开发用地空间整合，形成加工业集聚园区，完成上、下游产业链的布局，并形成可游览的产业空间布局。将零散的种养殖企业协调整合，利用互联网资源，形成农民合作平台，与大型企业合作，规模种植，形成大地景观种植园。

延伸产业链条、延长旅游周期，充分利用全国特色小镇平台优势，通过旅游产业触媒提升传统林牧业发展，从"体—造—用—化"延伸林牧业产业链条，形成"林牧创"的发展方向。现状旅游体系较为薄弱且季节性尤为明显，规划将针对旅游人群的分类与诉求，分时分主题进行旅游线路与旅游产品的设计以延长旅游周期。

联动区域发展、联动优势资源、联动产业协作，明确白狼镇在阿尔山全域旅游体系中的职能与关系，将白狼镇打造成为旅游度假目的地以联动区域发展；基于现有特色资源产生联动效应，从而萌生新的产业形态；以旅游为产业触媒，联动绿色工业、农牧业、服务业等，推进全产业共进。

二是以功能创新添活力。结合现有城镇功能缺乏衔接、活力不足、设施总体偏低端、配套不够完善、功能空间散布，核心不突出的问题，制定

小城大景策略。以不同的自然和人文景观点为基础，构筑全域景区的全域旅游化；通过重点提升镇区环境品质，改善旅游服务水平，提升旅游接待能力达到镇区景区化；提升魅力乡村建设，打造具有林家特色的乡村品牌，为自驾游人群提供特色林俗服务从而实现特色空间景点化。以三生融合、景镇融合、村镇融合作为发展路径，在空间上做到"精而美"，满足产业人群、当地居民的商业、文化、教育等设施空间需求，同时乡村需要有鲜明的主题特征以满足不同人群的需求。在此基础上，提升城镇配套、服务、文化活力等，进一步彰显地域文化特色。

三是以环境塑造营氛围。现状以整体风貌不和谐、传统建筑文化逐步缺失、街道沿线有所改造，但庭院空间杂乱、形象节点标示性不足，缺乏特色为主要问题，通过加强、控制、引导对环境进行整治。加强风貌规划，塑造具有北国风光的林俗文化小镇，以低碳康养、人文风韵塑造全域景区。进行风貌分区控制和开发强度控制，保证各组团主题特征鲜明和小镇形态的"小而美"，并从建筑设计引导、道路景观引导、滨水空间引导、乡村风貌引导四个方面整体提升环境。

四是以文化彰显增内涵。现状对文化资源的保护力度较弱，文化资源的再利用不足且传承形式单一。整合文化林俗文化、历史文化、非遗文化和红色文化等资源，深入挖掘，将文化特色融入产业项目和工程项目中，充分体现白狼镇文化特色。从林俗文化向艺术创意转变、从产业文化向品牌文化转变、从单一生活向复合度假转变。"三转"相辅相成，共生共融，合力推动文化由单一形式，向多元化方向转变，逐步实现旅游兴镇、文化强镇。以雕刻、树皮画与艺术创意结合、定制化产品生产、大师工作室等为主的产品嫁接艺术，形成艺术创意体验；以林俗博物馆和景墙、小品、店招、标识牌等景观形式记录传承白狼文化加深林俗生活体验，形成自己的文化符号；以手工艺教育基地、少儿兴趣培训、树皮画艺术院校等为主，将文化融入节庆，形成节庆文化体验；以场所营造与节庆节事活动为主形成历史场景体验。

　　五是以体制创新增活力。根据市场性和偏公益性设施的类别，采用市场效率较高的PPP模式开发。在PPP运营模式下，政府和企业都是全程参与，双方合作的时间更长，信息也更对称。针对一般基本服务设施，采用政府委托企业设计开发的EPC模式开发，对基础设施进行设计、建造，由政府提供资金并行使管理、使用经营权，最终由村民享受配套设施并支付费用交由政府。根据公益性和偏公益性设施的类别，采用资产证券化的ABS模式开发。政府成立特定用途公司，组建基础资产池；企业发行资产支持证券，或通过购买债券实现对ABS项目的投资过程；居民享受基础设施或提供的配套功能，并支付一定的使用费用；乡村吸引社会资金投入建设。构建专属资金池，更为有效地吸收社会资金用于村庄基础设施。

三、经验总结

1.精准定位，充分发挥规划引领

　　强化"总规引领"行动、推进"详规覆盖"行动、深化"城市设计优化"行动、实施"专项规划配套"行动。对于生态型小城镇而言，规划编制应注重生态保护和绿色经济发展，紧抓政策试点契机，充分挖掘小城镇自身特色和优势，实现特色化、差异化、多样化发展模式，结合目标引导下的发展路径，生态、旅游和文化融合发展作为发展方向，围绕基础设施建设、生态环境保护、特色产业发展、旅游形象提升等重要抓手，制定多方位、全镇域的发展规划。此外，空间规划和治理体系下，结合县、镇国土空间规划，实现多规融合，落实和划定"三区三线"，建立国土空间规划数据库与信息平台，共同缔造生态旅游体验区。在城镇开发边界内的集中建设地区，推进控制性详细规划全覆盖，在城镇开发边界外的乡村地区，编制村庄规划，结合村庄设计，开展村居设计落地、农村住房建设试点；推进重要街区、主干道沿线、滨水地段、农产品加工区等重要地段和节点的城市设计全覆盖，推行城镇"双修"理念；编制特色小城镇、美丽城镇建设总体规划，明确发展方向与重点项目编制城市大脑、景观风貌、公共服务设施、市政设施、绿道网等专项规划。

2.保护优先，持续推进生态建设

守牢生态红线，结合生态和林业保护要求，因地制宜的小城镇的山水林田湖的总体格局，夯实绿色发展基础。结合生态基底，以重要山水格局来组织城镇、乡村以及其他产业项目的建设空间，评估开发容量，对产业项目的选址要求做水土保持和环境保护评估工作，在确保生态安全的前提下有序开展。以当地特有的山沟地貌为基础，做好山间汇水和坡地固土工作，引导部分开发项目利用自然高差和生态优势进行开发建设，设定开发建设的约束性条件。积极推进绿色能源利用。结合国家对于生态保护和绿色能源利用的要求，鼓励多利用太阳能光伏、沼气、绿电等，减少传统燃煤和燃木等高污染方式。在城镇重要干道两侧铺设光伏太阳能路灯，在集中的公共停车场区内，按比例设置新能源充电桩设置；提高管道燃气和集中供暖的普及率，在居民和农户家中，逐步禁止以燃烧秸秆和木材的供暖方式。

3.全域联动，发展新经济新业态

发挥生态资源优势，结合小城镇产业转型，探索可持续的城乡发展动力，以美丽城镇建设推进生态经济发展，实现镇域发展和全域乡村振兴。美丽城镇是在生态环境的保护和小城境的综合整治基础上，强调发展特色产业以强化动力支撑，以镇区的有机更新为重点，联动镇域内生态、文化、旅游、农业休闲、乡村度假等资源，统筹城乡空间，推进农文旅深度融合发展。加快推进基础设施向农村延伸、公共服务向农村覆盖。夯实基础的同时大力发展特色农业种植，通过土地流转政策实现规模化种植，通过"公司+基地+农户""合作社+农户""互联网+实体"三种模式助推农业升级，围绕"水果、中草药、高山蔬菜、花卉、茶叶、竹笋"等，积极推进农业示范性基地建设，树立品牌，提升竞争力。依托现有景区，积极拓展旅游业态，结合独特的资源优势，发展休闲农业、生态旅游、文化旅游、民俗体验、康体养生等产业，实现镇景村联动发展。

4.文化彰显，塑造城镇形象特色

在小城镇环境综合整治的基础上，强化城乡整体生活品质、环境风貌、文化延续等软性建设，重点结合石梁镇的区位条件、资源禀赋、风貌特征、发展定位等，以文化为引领，在充分挖掘唐诗文化、宗教文化、和合文化、霞客文化、禅茶文化、传统民俗文化及美食文化等的基础上，以小城镇传统和地域风貌特征为重点，有序推动镇区有机更新和微改造，保持建筑风貌的协调性，强化整体风貌、格局肌理、景观节点、开放空间及天际线等管控。加强历史文化要素的保护和利用，有序推动镇域文物保护，构建由观赏向深度参与的文化产业链，开展文化展览、文化演艺、文化体验、文化购物等活动，通过文化元素提炼，对镇区的广场、公园、休息座椅、树种和垃圾箱等景观小品、景观设施和城镇细节进行设计，突出小城镇独特的传统文化特征和地域环境特征，展现小城镇独具艺术性和时代性的特色景观。

5.要素整合，形成城镇建设合力

美丽城镇建设是一项覆盖面广、涉及面广的系统工程，广大市民既是受益者，也是支持者、参与者。为落实制度化、常态化、项目化的美丽城镇建设运行机制，深入开展美好环境与幸福生活共同缔造活动，发挥基层群众自治组织主导、法治基层保障和德治示范引领作用，加强城乡社区治理，借力创建工作，营造和谐有序的良好社会生态，广泛争取群众支持，鼓励和引导居民参与创建，以党建为引领推动自治、法治、德治融合发展，构建共建、共治、共享社会治理格局。但是，单纯依靠政府无法盘活生态小城镇的发展建设，必须要寻求有一定实力的投资商深入参与到城镇化建设中。从运营尺度出发，主要有全面运营和版块运营两种模式；从合作机制出发，主要有独立运营和合作运营两种模式。在运营模式构想上，以产业发展为导向的新型城镇综合模式，城镇综合体对于运营的要求极高，也相当有难度。因此，需要寻求一个具有多专业配合的团队构架及全程化经营管理机构进行运营管理。在运作模式的实际操作上，可以采取公司化运营，成立旅游合作社，镇政府将各级专项资金量转化为村集体或贫困户所持股份，居民可自愿将个人资产入股到经营主体并参与分红，最大限度提高三方特别是居民的积极性，实现旅游开发公司、村集体与农户的共赢。

第四节　资源再生与旅游型小城镇

一、江西省铅山县武夷山镇

1. 乡镇概况

武夷山镇隶属于铅山县，位于江西省上饶市、武夷山脉北麓，南邻福建省的武夷山市和光泽县，交通和区位优势明显，境内有峰福铁路、宁上高速公路、237国道穿境而过，现已纳入上饶"半小时经济圈"。铅山县资源丰富，拥有世界文化与自然双遗产武夷山、万里茶道第一镇河口镇、道教灵宝派祖庭葛仙山、中国历史文化名镇石塘镇、国家文物保护单位鹅湖书院、国家非物质文化遗产——连四纸。近年来，铅山县按照上饶市委、市政府建设旅游强市的总体部署，坚定不移地把旅游业作为优势产业和战略性产业来抓，旅游工作呈现发展加快、质量向好、后劲增强的良好态势。2020年8月，铅山县被入选为"2020全国县域旅游发展潜力百佳县"之一。

武夷山镇位于铅山县东南部，"华东屋脊"黄岗山下，与福建省武夷山市山水相连，上武高速、上分线国道、紫桐线省道、福峰铁路跨越全境，被誉为上饶市的"南大门"。武夷山镇前身系国营上饶地区武夷山综合垦殖场，1997年12月撤场建镇，全镇国土面积458平方千米，山林面积约40646.67公顷。下辖10个村委会（林业分场）、两个街道居委会和一个共大林场，总人口2.6万人。其中，非农业人口0.6万人。

武夷山镇生态环境优美，被入选为全国1100个"美丽乡村"创建试点乡村、2019年，被选入全国农业产业强镇建设名单，被评为省级"示范森林乡镇"、全省生态旅游前50位乡镇、省级生态乡（镇）；2016—2018年全省森林防火工作先进单位，江西铅山武夷山列入世界文化与自然遗产地、首批"国家森林步道"。

武夷山镇旅游资源丰富，是红色故土、古今战略要地、铅山县第一个"改革开放试验区"、万里茶道"第一关"。2017—2019年连续成功举办"铅山·武夷山首届红茶文化旅游节""2018铅山河红茶品鉴会""铅山县河红茶

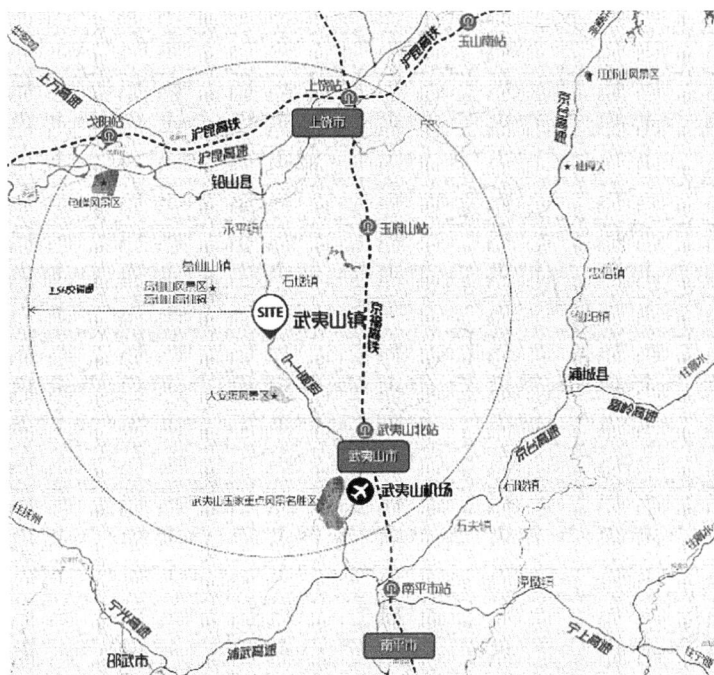

武夷山交通区位示意图

文化旅游活动"，全年接待游客超过10万人次。2019年，武夷山镇以建设
"平安和谐武夷，生态休闲福地"为目标，完成财政总收入2.28亿元，首次
突破两亿元，同比增长44.49%。在全县乡镇（中心）经济社会发展和党的建
设综合考评中位于乡镇（中心）第二名。

良好的生态环境

2.景边镇与世界遗产赋能模式

（1）传统景边镇的景镇关系。随着经济和人口红利的释放，人们的生活
质量逐渐提高，向往更好层次的生活。从2000年以来，我国的旅游业发展
迅速，市场规模每年都以8%的速度在增长。伴随着旅游经济的发展，旅游

景区的人力、物质与经济资源集聚能力成为地方发展的驱动力，旅游景区边缘的城镇由于毗邻稀缺的风景名胜资源的区位优势，迫切希望依托旅游景区带动地方全面发展，分享景区发展的红利。

景边镇作为毗邻自然、人文景区的城镇，自然历史资源禀赋不如景中镇（如乌镇、西塘等位于景区的城镇）优越，但凭借服务景区的区位优势，为游客提供了旅行过程中所需的部分服务和产品，也"逐步成为景区游客的主要集散地、食宿地、购物地和信息交互地"，成为旅游景区的有效补充。旅游业作为一个复杂的综合性产业，其发展不仅提升了区域的知名度，也为城镇居民提供种类繁多的工作，解决大量劳动力的就业问题，带动了景边镇经济的发展，不少居民通过利用自家房屋，开设餐馆、旅店、商品，获得经济收入。

但在传统景边镇的发展模式中，普遍存在着景区与城镇定位不明、资源配置不平衡、融合发展意识薄弱、产业发展脱节的问题，许多景边镇仅作为景区的服务基地，景镇建设脱节，一是对居民生活有严重影响；二是城镇作为景区的服务基地，居民缺乏培训和政府引导，容易受到利益驱使，无序建设和经营，不利于城镇的可持续发展，其环境品质和服务品质对景区的品牌产生不利影响；三是城镇对景区的依赖性极强，缺乏自身吸引力，只能短期发展，缺乏后劲。

（2）武夷山镇的景镇互动关系。武夷山世界文化与自然双重遗产位于江西与福建西北部两省交界处，分属于江西铅山县武夷山镇和福建武夷山市，是江西第一个文化与自然双遗产地，也是全国四项世界自然文化双遗产之一。武夷山于1999年12月被联合国教科文组织列入《世界遗产名录》，成为全人类共同的财富。"洞天福地"武夷山是人与自然的神奇创造，拥有世界生物圈保护区、全国重点文物保护单位（武夷山崖墓群）、国家重点风景名胜区、国家5A级旅游景区、国家级自然保护区、国家水利风景区、国家生态旅游示范区、全国文明风景旅游区示范点、中国避暑名山多项荣誉。武夷山也是福建、江西两省重要的林区、茶叶产地，大红袍是武夷山最负盛名的茶，被誉为"茶中之王"；铅山河红茶则被称为茶中皇后。武夷山镇是江西省乃至全国的茗优茶产区之一，产茶历史悠久，茶文化底蕴深厚。自明清时期至今，武夷红茶赢得世人青睐，全国各地茶商纷纷前来，英、俄、印等国商人也奔至武夷山和河口镇贩买，一度被西方奉为至尊茗茶，是江西省级非物质遗产、国家地理标志农产品。

铅山河红茶

　　早在1982年，武夷山成为国务院批准设立的首批国家重点风景名胜区之一，因此也成为中国旅游开发的"先行者"。位于武夷山市的武夷山南麓乘改革开放之雄风，打开山门，发展旅游。1999年，武夷山申报"双世遗"成功，武夷山获得走向世界的"国际绿卡"，旅游经济蓬勃发展，为武夷山带来了强劲活力。申遗成功后，武夷山市的宾馆酒店如雨后春笋般涌现。农家乐、旅行社等旅游从业人员人数直线上升。2010年，作为张艺谋印象艺术团队创作的中国第五个、福建省首个大型山水实景演出《印象大红袍》正式公演，让游客可触、可感地体验武夷山的历史、民俗、山水以及博大精深的茶文化，也扭转了武夷山产品单一的状况。印象大红袍、武夷水秀演出、云河夜游、武夷宫——崇阳溪两岸夜游、夜下梅旅游线路、欢乐茶节、食品博览会等各种旅游产品和活动，不断丰富武夷山旅游业态，让武夷山市的旅游从单一的观光游向集观光、休闲、度假、娱乐、会展等并举的多元化迈进，同时南部由于过度透支景区资源，也出现接待量突破承载上限、过量商业化现象。

　　位于铅山县的武夷山北麓森林覆盖率达91%，拥有"华东屋脊"之称的黄岗山，海拔2160.8米，是东南大陆最高峰，被誉为"珍稀植物王国，奇禽异兽天堂"以及"生物模式标本产地"，以及华东第二高峰独竖尖。联合国教科文组织所属的"全球环境基金会"将江西省武夷山自然保护区正式列入"GEF"即中国生物多样性保护示范区之一。北武夷山地区不仅有独特的自然遗产，也有与丰厚的人文遗产共存的鹅湖书院，它曾是一个著名的文化中心，"万里茶道第一镇"河口镇，"道教灵宝派祖庭"葛仙山等诸多资源不胜枚举。尽管底蕴丰厚，拥有武夷山北麓的铅山县与南侧武夷山市相比，二者人口比重虽达7∶10，旅游收入仅为3∶10。伴随武夷山南北旅游市场割裂，2019年，"武夷山国家风景名胜区"品牌价值高达2666亿元，但北麓知名度远远不及南麓，景区资源利用低效，游客量与旅游收入持续下降。

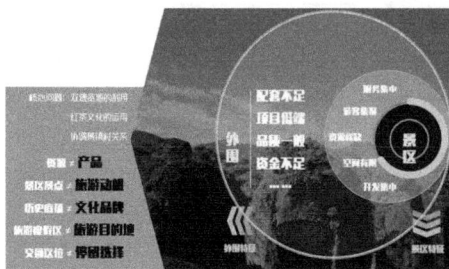

景区发展剖析

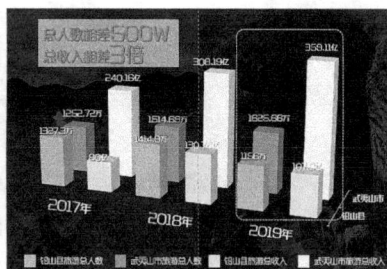

2017—2019年铅山县与武夷山市
旅游总人数、总收入对比表

（3）世界遗产赋能模式。遗产地的生命在于文化，自然遗产又赋予生态产品以特定内涵，面对有限的空间资源和巨大的人流压力，作为外围的武夷山镇是遗产地文化与生态产品活化利用的最佳承载地，可以进行世界级IP打造，扩张其消费链条，延伸其消费空间，最终形成开放型文化载体和旅游目的地。城镇不再只是遗产地的服务基地和附庸，城镇除了为遗产地提供基础服务以外，自身也可作为大景区旅游线路的补充，甚至成为较强的旅游吸引力，与景区起到相辅相成的作用。

3.建设重点

（1）融入大武夷山文旅格局。就武夷山旅游业发展而言，长期以来一直以观光游为主，世界文化遗产的旅游价值没有得到充分挖掘。不同景点的游客量不均，世界遗产资源利用的有效性明显不足。第一，武夷山旅游业的发展过多依赖门票收入，产业链延伸不够，服务业发展水平不高，每年接待数量庞大的游客，但旅游经济收益却不明显，与其拥有的一流旅游资源并不匹配。第二，武夷山发展南北不平衡，加速了南麓遗产资源被过度消耗，同质化的商业项目不断复制，使武夷山整体缺乏可持续发展的后续动力。第三，武夷山整体缺乏具有世界影响力的项目，位于武夷山北麓的武夷山镇尚未发挥地缘和资源优势，多为零散历史遗存型、新建孵育型旅游设施，数量较少，仅以民宿和乡村旅游为主，缺乏高端品质体验类项目。

（2）统筹发展产业经济。武夷山镇面临产业转型发展"瓶颈"，亟须在

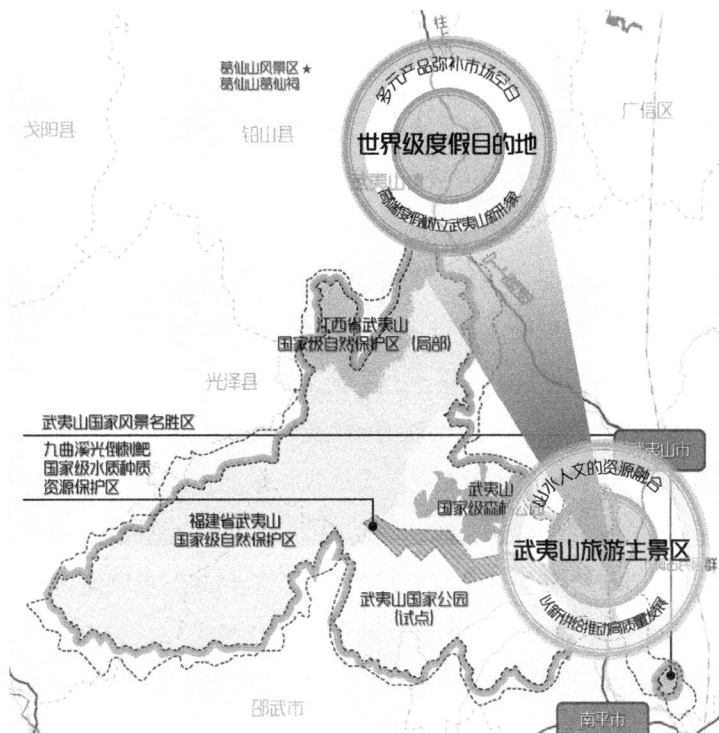

武夷山大景区赋能模式示意图

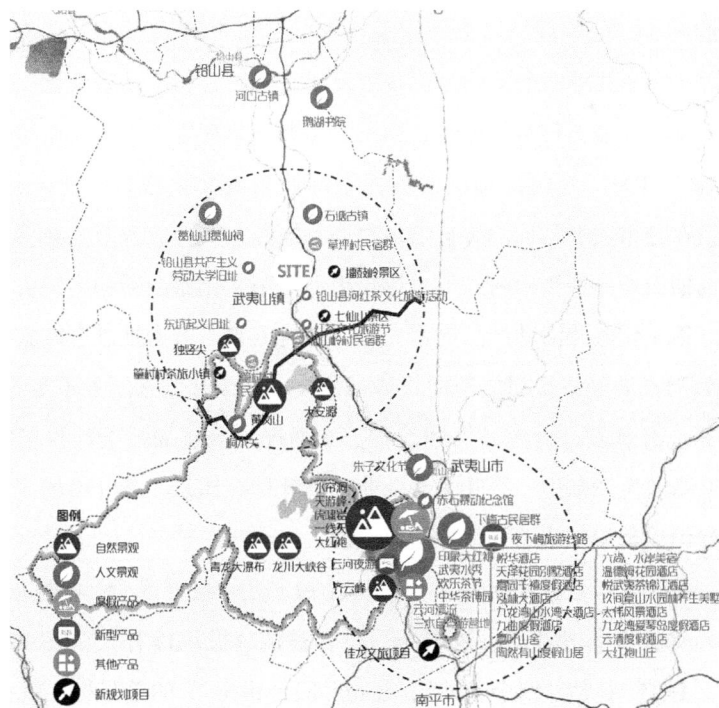

大武夷山旅游圈

产业布局规划、产业协调发展上下功夫，推动区域产业突破发展。重点在武夷山镇镇内打造红茶广场、风情街、田园风光三大引擎项目，镇域南部打造仙山岭项目，四板块联动推进武夷山镇未来产业发展蓝图。

①抓红茶产业发展，加快农业转型升级。武夷山镇素有"红茶小镇"之称，产自武夷山脉的红茶是典型高山野茶，较高的海拔，独特的高山温度、湿度、光照和土壤条件，十分适宜茶树生长，茶叶内含物积累丰富。近年来，武夷山镇茶农积极投入茶行业中，在传统制茶工艺的基础上精心研制，创新产品，狠抓产品质量，提高产品品质。同时注册商标，其中黄岗山有机资源开发公司产品连续多年获得江西省茶叶博览会金奖，部级产品一等奖。产品行销全县、全省及全国，深受广大消费者喜爱、好评。地方茶叶产业也得到飞速发展，茶农也得到实惠，增加了广大茶农的经济收入，提高了农民生产积极性，带动茶行业的迅猛发展。目前，全镇现有茶园面积约3333.33公顷，高山野生茶约2000公顷。鲜叶产量29.7万千克，茶青产值5000万元，主要分布在车盘、乌石、岑源、下渠、王村、沙畈、西坑、篁村、石垅、薛家、共大林场等11个茶区。镇内有140余家茶企业[包括种植合作社20余家、家庭农场10家、加工企业（含小作坊）80余家、销售商30余家]。其中，约有6.67公顷规模以上种植大户50户；加工产量过千千克的企业有30家。注册商标120多个。同时，该镇发展茶旅结合，推动茶文化交流、商贸合作、旅游发展，打造仙山岭、西坑、岑源、篁村等秀美乡村旅游点，推进全域旅游开发。同时武夷山镇依托茶产业拓展文化旅游产业，2017年，武夷山镇在分水关下的仙山岭自然村举办首届红茶文化旅游节，吸引上万名游客登高仙山岭品评铅山河红茶，以铅山河红茶文化旅游活动为契机，通过铅山河红茶文化旅游活动产品展示，助力乡村振兴，大力推进全域旅游。

②针对茶叶经济呈粗放型增长势态，技术升级和监管服务不足等问题。未来根据现有基础、资源条件和市场需求情况，重点加强茶叶科技支撑体系、茶叶高效生产基地、茶叶龙头企业、茶叶标准体系、茶叶市场体系、茶叶品牌建设、茶文化旅游七大方面建设。

（3）唱响生态康养旅游品牌。武夷山镇基于"景村融合"的发展理念，按照全市秀美乡村建设"山清水秀、村容整洁、民风淳朴、留住乡愁"的总要求，县委"打造'四个基地'，建设'四个铅山'"的总目标，武夷山镇建设"平安和谐武夷，生态休闲福地"总思路，做足"秀美乡村+"的文章，

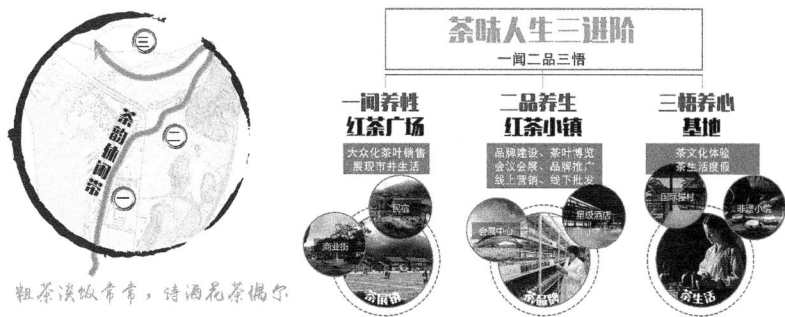

茶产业链延伸

通过"秀美乡村+农业产业"（茶叶、茶油）、"秀美乡村+旅游"（农家乐、健康养生、文化体验）、"秀美乡村+电商"，实现一村一业，一乡一品，推动产村融合发展，促进群众脱贫致富，带动全域旅游统筹开发。重点发挥武夷山镇旅游资源丰富，生态环境突出的优势，大力发展民宿产业。武夷山镇有西坑、篁村等九个村已经开展了民宿91家，客房523间，年接待旅客5万余人次，直接经济效益逾500万元。其中，投入240余万元对仙山岭自然村进行保护升级，对202省道沿线的32户民居，20户古屋进行"赣东北特色民居"风格修复改造；还原与修复古道。保护性修复历史遗迹茶马古道1590余米，拓宽村内主干道，完善游步道建设一期、二期工程，形成内外环绕局势；增添乡村景色。在村内种植红枫、红豆杉、紫薇等古韵树种、对村庄进行绿化、靓化改造，使村内处处更显古味；完善配套设施。建设文化休闲广场、便民服务中心、农家书屋、淘宝网店等配套设施，完善公共服务配套。村庄内白墙、黛瓦、古树、幽泉、水车、古道、风车、仙山相得益彰，让仙山岭成了一道靓丽的景观。

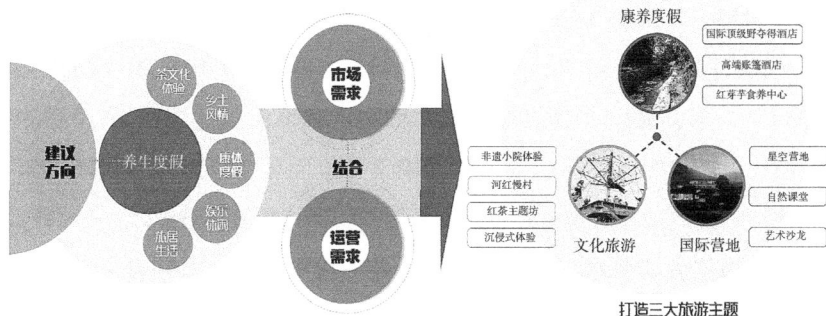

武夷山镇三大产品发展方向

（4）深化美丽集镇建设。2020年，上饶市市委办、市政府办印发《上饶市高质量推进美丽集镇建设的指导意见》(以下简称《指导意见》)，《指导意见》明确了美丽集镇建设的目标要求为深入践行"绿水青山就是金山银山"发展理念，着眼解决"集镇不如城市，不如村庄"问题，加快推进"环境美、生活美、人文美、产业美、治理美"的美丽集镇建设，将集镇建成"大美上饶"的重要支撑。提出了高质量推进美丽集镇建设的任务，包括实施基础设施、提升专项行动，实施公共服务、提升专项行动，实施产业、提升专项行动，实施风貌品质、提升专项行动，实施治理、提升专项行动的五个方面重点任务。

上饶市美丽城镇建设

美丽集镇建设是上级有要求、人民有期盼、发展有需求之所在，武夷山镇作为2020年铅山县美丽集镇两个试点乡镇之一，把握机遇、直面挑战，从2020年的5月开始在集镇所在地开展高质量美丽集镇建设，从环境、生活、人文、产业、治理来打造美丽集镇。

武夷山镇把美丽集镇建设列为各项工作的重中之重来抓，高质量推进美丽集镇建设各项工作。环境整治是美丽集镇建设的前提，坚持环境整治为先，截至2020年9月，武夷山镇已拆除屋顶棚29个，共计2530平方米；改造屋顶棚51个，共计5162平方米；拆除落地棚、鸡鸭棚72个，共计2455平方米；拆除屋檐棚27个，共计326平方米；拆除空心房、余屋24栋，共计1548平方米；清理大型杂物堆放83处；平整港沿菜地约0.6公顷；武夷大道白改黑建设完成；武夷大道柏油铺设基本完成；生态停车场项目用地已平整；完成对现有农贸市场面积测量；垃圾中转站选址确定，县林业局、自然资源局完成现场勘测；老街店招门楣正在拆除；完成杆线上改下的方案及预算制定。坚持功能完善为重，通过建设美丽集镇来提升集镇的功能与品位，在乌石河两旁准备建湿地公园，为居民的居住环境和生活品质带来提升。集镇范围内新建的武夷山镇中心小学和武夷山双语国际幼儿园于2020年9月开学，为居民带来幸福感和舒适感。坚持产业升级为要，武夷山镇作为铅山河红茶的发源地，为了将铅山河红茶文化呈现给每一位来到武夷山的游客，在武夷山镇的高速出入口道路边，铅山河红茶产业基地已经在建设中，集镇内打造的铅山河红茶文化广场也在有序地进行着。

红茶风情街规划效果图

红茶广场效果图

红茶小镇夜景效果图

4.实施路径

（1）协同赋能推动错位发展。武夷山南北同处一片山水中，但整个武夷山景区资源都呈现出"泛而不深，多而无律"的分布状况，且武夷山整体缺乏具有世界影响力的项目，随着市场导向的转变，空间管控的变革，现有武夷山南部业态将不能满足景区转型增长需求。要解决"泛而不深，多而无律"的问题，武夷山旅游市场需整体有序升级产品，同时需从区域整体层面进行顶层设计，重组优质资源，导入项目联动，讲好大武夷山的故事，构建武夷山旅游圈。南北应抓住机遇协同发展，错位开展业态主题。未来，借助新产品、新引擎的注入，武夷山的南部以新供给推动主景区高质量更新发展，北麓以武夷山镇为主体则通过高端的文旅、度假产品树立武夷山新形象，打造世界级度假目的地，实现南北错位发展，开启武夷山旅游新纪元。

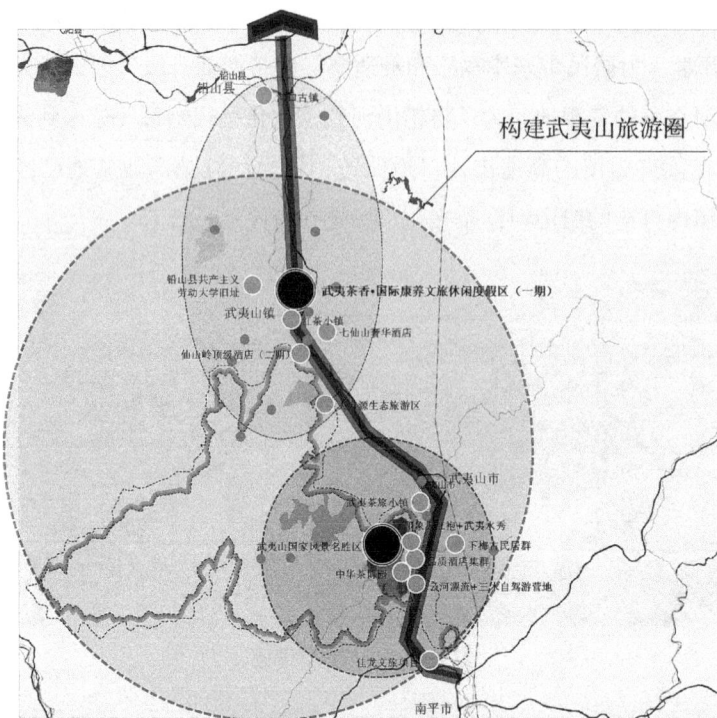

构建武夷山旅游圈

武夷山镇规划鸟瞰图

为避免建设开发周期过长，合理降低项目运营风险，结合实际需求优化调整，武夷山镇四大引擎项目统一规划，分两期实施。一期建成配套美丽集镇规划的红茶广场、风情街项目，于2021年启动仙山岭高端度假区项目、国家级的国际研学营地项目建设。二期完善城镇建设，启动田园风光建设，提升景区配套品质，树立武夷山北麓国际旅游度假氛围。最终构建景镇融合发展的整体框架，实现生态安全保障、经济高度发展、三大效益高度统一的发展目标。

（2）板块联动激活全域旅游。串联铅山县旅游线路。主导发展两条核心旅游线路，将武夷山镇串联进铅山全域旅游发展格局中。重点组织一条从鹅湖书院—鹅湖山慈济禅寺—"万里茶道第一镇"河口古镇—太源水美村畲族风情—河红茶非遗文化体验（武夷山镇）—河红慢村（武夷山镇）—非遗小院（武夷山镇）—"连四（史）纸"体验（武夷山镇）—千年古镇石塘镇的文化主题游线；另一条为红芽芋体验中心（武夷山镇）—乐水主题营地（武夷山镇）—时尚俱乐部（武夷山镇）—沉浸式体验中心（武夷山镇）—国际越野（武夷山镇）—星空露营—千峰之首黄岗山日出—武夷山国家级森林步道—新滩乡好吃李家的运动主题游，提升武夷山镇旅游知名度和魅力。其中，支撑越野车大环线主要道路为县道X665、125乡道和省道S202。

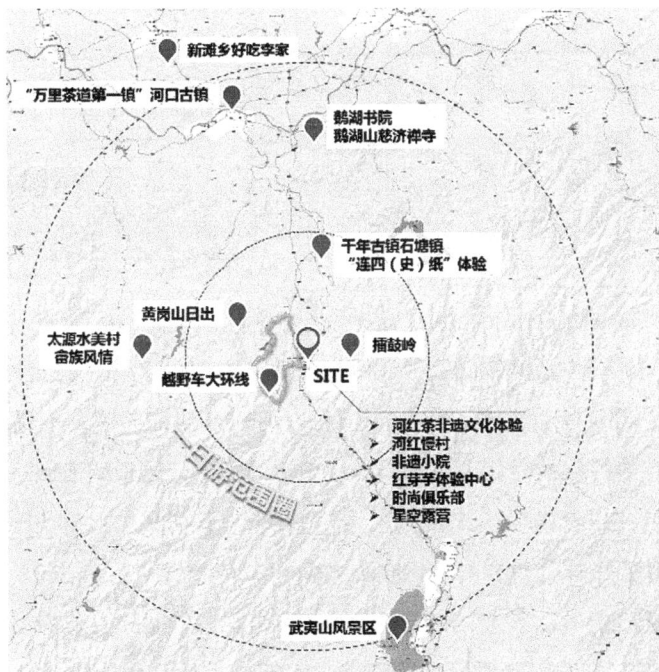

串联铅山县的旅游线路

（3）优势资源实现品牌转化。背靠武夷山世界遗产，依托区域项目的错位协同和乡土产品的赋能加持，结合市场需求与实际运营条件，武夷山镇在城镇北面原生山水田园资源丰沛处布局田园风光项目，以康养度假为核心，以国际营地、文旅体验为特色，打造融合原生山水田园、茶文化体验、乡土风情、娱乐休闲的国际生态康养文旅度假目的地，实现大武夷山发展格局。通过"双遗花园后院""世界茶生活博物馆""武夷十里壹家人"三大核心项目，十个子项目，若干配套项目，将茶文化、乡土风情与红芽芋健康产品三大主题具化。

①"双遗花园后院"嫁接双遗优势、突出环境优势，打造国际望山酒店，高端帐篷酒店，未来健康庄园三个子项目。南眺武夷，北抱群峰，溪流穿行，山野有宁静之远，庄园存天伦之乐，双遗花园后院既得武夷的景，也得铅山的人与情，更知山水间的思想传承，也让武夷山成为公认的顶级康养度假栖息地。

山水家园效果图

②"世界茶生活博物馆"彰显历史底蕴、彰显茶文化，打造河红慢村、非遗小院、红芽芋食养中心三个子项目。河红茶与红芽芋，不仅是茶饮食物，更应代表后疫情时代下，人们对慢生活的怀念与健康的信仰。世界茶生活博物馆旨在以食养生，以景共情，以河红茶与武夷文化，重现慢生活的理念，推动武夷山成为重要的文化旅游体验区。

③"武夷十里壹家人"对接国内外高端客群，以国际营地为主题功能激活区域市场，打造国际时尚俱乐部、山水家园、乐水主题营地、沉浸式体验中心四个子项目。"人生难得一知己，推杯换盏话古今"。在武夷北麓的慢节奏生活里，兴趣、美景、理想、巧合都可以成为亲朋乐事。未来的武夷山，也将逐渐打造为首席国际休闲营地。

（4）导入资源促进项目落地。后疫情时代，武夷山整体旅游市场也在发生变化，旅游市场诉求将转向心灵栖息的深度体验，新产品、新引擎的需求

武夷山田园风光项目和仙山岭项目的规划平面图

随之出现。未来重点依托武夷山镇的生态环境优势和人文特色，打造医疗度假和生态康养度假功能，提升产业发展潜能，重点打造田园风光项目和仙山岭项目。其中田园风光以康养度假为核心，依托丰富的自然条件，整合山＋水＋林＋田＋乡村＋文化，打造国际生态文旅康养度假目的地。仙山岭导入玛雅医疗酒店资源，打造国际顶尖医疗酒店，致力于在医养疗愈行业树立新的标杆，倡导全新的健康生活方式，关注疾病预防、修复、整合医学疗养以及环境可持续性。

二、山东省乳山市海阳所镇

1. 乡镇概况

海阳所镇属山东省威海市乳山市下辖镇，地处乳山市南部，是三面环海、一面连陆的小半岛；东与白沙滩镇接壤，西、南与大海相连，行政区域面积98.69平方千米。至2020年6月，海阳所镇下辖40个行政村，户籍人口约2.98万人。海阳所镇距离乳山市中心区约18千米，向北经省道S206抵达乳山市仅需20分钟，向东经省道S704连通白沙滩镇、徐家镇，向西经省道S704一小时内可达海阳市，两小时可达青岛市及流亭国际机场。

海阳所镇古称沙沟寨，自古为军事要塞之地。明洪武三十一年（1398

年），为防倭寇海上入侵，在沙沟寨修筑土墙，设立海阳守御千户所，隶属大嵩卫。清顺治初年，撤销守御千户所后，海阳所作为地名取代了沙沟寨。

2017年，乳山市被中国水产流通与加工协会授予"中国牡蛎之乡"称号，养殖海区全部达到国家一类海水水质标准，非常适合牡蛎的生长，养殖面积和产量在全国县级单位名列第一。海阳所镇作为国家地理标志品牌"乳山牡蛎"产地，全镇滩涂养殖面积1200公顷，牡蛎养殖面积达4000公顷，产量20多万吨。此外，同属国家地理标志品牌的"乳山大姜""乳山茶叶""乳山大花生"，均有规模种植。

乳山市是中国沿海的长寿之乡，被授予"山东省长寿之乡"称号。海阳所镇位于全国四大康养区域，全年空气质量优良天数242天，PM2.5日均值常年保持在0.020～0.040毫克/立方米之间，远优于国家标准，是疗养、避暑胜地，因其风静浪缓、沙洁水碧，山、岛、湾相连，湖、海、滩相映，春温秋爽，冬暖夏凉，被誉为"北方三亚"。

海阳所镇"山·岛·海·湾"特色鲜明，海岸线长89千米，陆缘线仅3千米，境内有国家4A级旅游景区大乳山滨海旅游度假区。大乳山滨海旅游度假区是一处集观光旅游、休闲度假、文化娱乐、养生康体，以及包括旅游开发在内的综合性大型旅游胜地，是山东省在建规模最大的综合度假区，也是中国第一个以"母爱、爱母"为文化主题大型综合旅游度假区。海阳所镇东侧与国家4A级旅游景区银滩滨海旅游度假区和福如东海文化园相邻。

2000年，海阳所镇获批山东省中心镇；2012年，被列为山东省小城镇建设示范镇；2014年，被住房和城乡建设部等部门授予"全国重点镇"称号；2015年，入选为山东省特色景观旅游名镇；2017年，进入山东省政府第一批特色小镇名单；同年入选山东省绿色生态示范城镇名单；2018年7月，进入山东省第二批乡村振兴"十百千"工程示范创建名单；2020年7月，全国爱卫会决定命名海阳所镇为2017—2019周期国家卫生乡镇。

山—岛—海—湾—沙滩的滨海特质、丰富多彩的地域文化特色、适宜的自然气候条件造就了海阳所镇中国牡蛎之乡、母爱之乡、长寿之乡等的资源特点，为挖掘优势资源价值，推动城—乡—景联动，奠定了资源基础。

2.滨海型小城镇与资源重构价值再生模式

城镇、景区与乡村的融合发展主要是指由三者之间的发展环境、发展

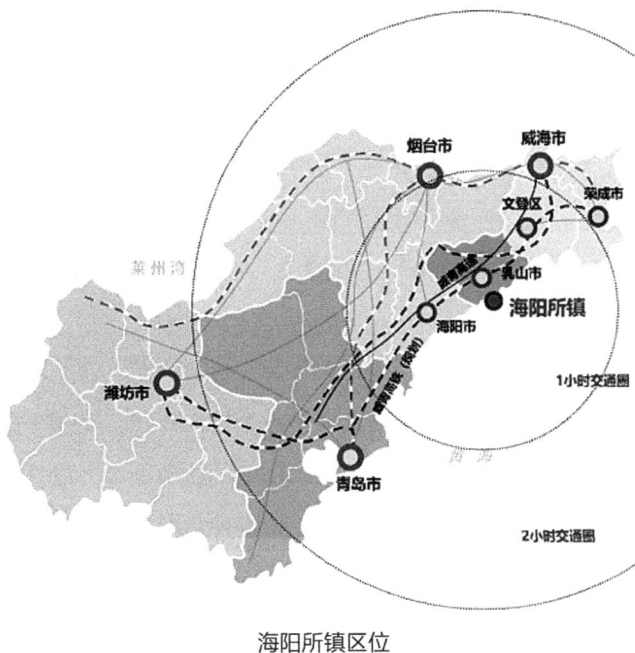

海阳所镇区位

单元与发展关系共同构成的多要素融合发展。其中，发展环境主要指景城村之间外部影响因素的集合；发展单元是指城镇、景区与村庄的用地空间布局；发展关系指的是三者之间相互的作用及作用形式。

在中国当前城市化发展过程中，不乏有城镇、乡村建设侵蚀风景区的现象，三者之间的用地空间、产业形态与发展需求难以协调，传统城景村利益分配关系中常常出现"厚此薄彼"情况，开发与保护、生态与生活的发展需求无法统筹。同时，周边旅游度假区运营对劳动有大量需求，乡村既是城与景之间的重要衔接节点，又可作为区域旅游市场打造中的有力补充，海阳所镇区也迫切需要通过衔接多方旅游资源，塑造旅游内涵的广度与深度，打造区域旅游目的地。在城镇、景区与乡村的对立统一中，三者融合发展有利于协调保护与建设的平衡，建立起区域中多方协调发展机制。

从环境、用地及机制等角度来研究反映城镇、景观与乡村三者之间的相互作用，其意义在于以整体观的角度来探讨城镇、景区、乡村发展对区域空间布局的重要影响，突破以往就各单元本身特点单一视角研究的局限性，实现乡村振兴背景下的城镇、景区、乡村共同发展。

海阳所镇以建设精致城镇、省级特色小镇、乡村振兴为发展引擎，以海洋渔业产业、休闲旅游业和现代服务聚集为发展依托，以产业升级创新、区域一体化、服务能级提升为发展导向，打造海岛风光独特、牡蛎特色鲜明、功能发展聚合、文化气息浓厚、村美民富田悠，集生活、旅游、文化、休闲、康养等功能于一体的海岛型魅力小城镇。

（1）四体联动，有机互动共享、重构资源价值再生。联动湖、海、镇、古城，更新业态，重新匹配功能和空间，提升海岸活力和生命力。联动古城做特色业态、点亮夜经济，激活古城文化，打造为海阳所镇旅游的重要配套。基于海防古村遗址，利用特色风貌建筑改造，植入民宿、文化展示和特色餐饮等新业态。联动滨海区做优环境，导入银滩旅游人口，提升海阳所的城镇价值。搬迁育苗场，整治滨海沙滩，重塑滨海环境，构建生态休闲新核心。以优美的环境，完善的配套设施吸引银滩的旅游人口，提升海阳所的城镇价值。联动滨湖区，置入高端酒店、高尚居住、餐饮街等配套，共创湖海旅游共同体。联动牡蛎特色小镇，形成渔港码头、特色小镇、海阳所镇及产业新城构建的南北产业发展轴，牡蛎特色小镇与大乳山景区及滨海岸线形成东西走向的旅游联动发展轴，辐射周边乡村的联动网。

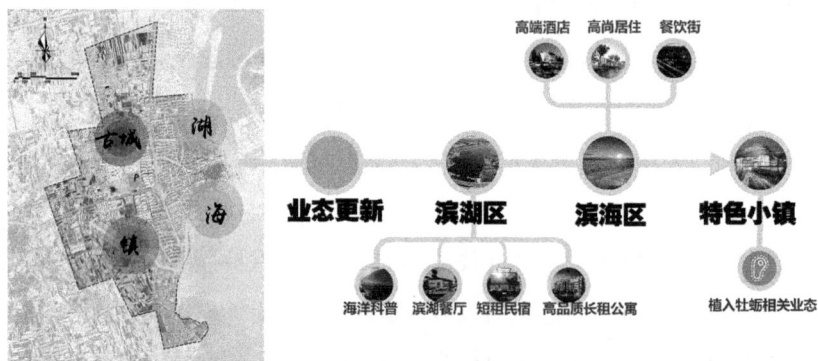

四体联动模式示意图

（2）一增一减，盘活滨海资源、激发滨海片区活力。滨海沿线做减法，现状大片的育苗场占据了一线海景资源，影响黑松林的生态环境，通过搬迁育苗场，恢复生活岸线。滨海区做加法，非旅游旺季期间，海岸线上有大量的滨海别墅长期空置；旅游发展初级，仅开展一家民宿经营。通过引入高端酒店，盘活闲置别墅房屋。该模式惠及多方利益主体，业主享受资产增值服务，共享别墅让空置资产盘活再造，实现房源收益最大化；物业投资运营方在固定资产投资获得酒店经营利润的同时，通过托管周边别墅的方式，降低资产负债率，以轻资产运营方式，实现效益，引领高端住宿消费新理念；游客可享受与传统酒店住宿格局不同的个性化空间服务，满足多元化、个性出行需求。

牡蛎文化园

城镇滨海风貌

3.建设重点

根据海阳所镇发展诉求、威海精致城市建设三年行动计划要求，重点从优势资源协同、城乡产业发展、重点项目建设和人居环境提升四大层面入手，以海阳所镇为载体，以城乡资源重构，建立城镇、景区、园区、乡村价值再生模型。

（1）城乡联动，实现优势资源的价值再生。

①三镇协同，竞合发展。乳山滨海旅游资源丰富，但随着滨海旅游竞争加剧，亟须整合优势资源，三镇竞合发展。徐家镇农产基础扎实，重点推动产业升级，拓展农产品精深加工，提高产品附加值；海阳所镇依托渔业养殖基础和滨海度假资源，植入品质服务，重点拓展现代渔业休闲和运动休闲；白沙滩镇依托银滩旅游度假区已形成大量居住区，优化服务配套，完善行政、科教等配套，成为综合商务区。通过乳山滨海"三镇协同"发展，打造岸线上的蓝绿瑰宝，共同建设集滨海度假、景区旅游、文化体验、乡村休闲、科普培训、教育研学等于一体的复合型滨海旅游度假目的地。

②景村共荣，提质升级。融合滨海优势与田园优势，将乡村振兴融入

景区发展中，重点打造大乳山滨海旅游度假区、滨海田园综合体两大项目，丰富大乳山景区的旅游产品，提升品质，梳理后山于家、姜家庄、西泓赵家、金港等村庄资源和农业资源，打造田园综合体，通过滨海旅游景村提质升级，打造升级版的大乳山景区。

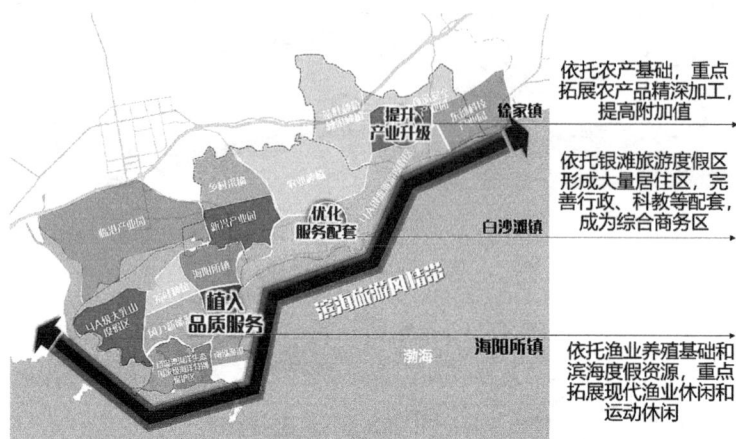

三镇协同联动发展规划示意图

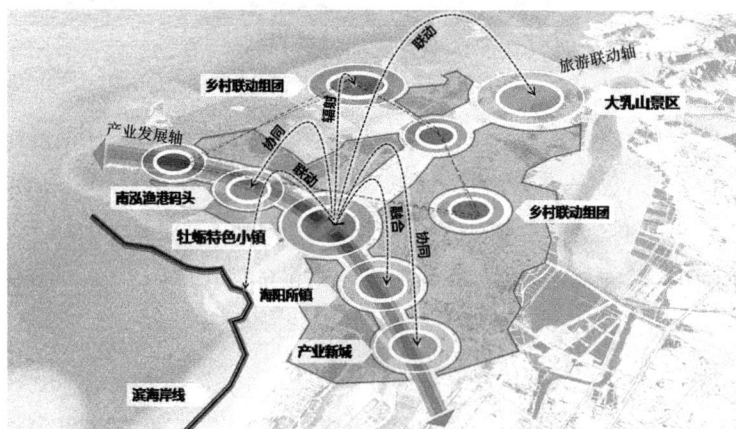

全域联动发展规划示意图

（2）链条延展，促进牡蛎产业的全面升级。

①完善产业链条。依据六大维度精准筛选产业，海阳所镇重点以海洋产业为主导，建立"1+1+3"产业体系，聚焦牡蛎特色产业，重点培育滨海旅游产业，提升现代服务业、海洋制造、高效农业三个基础产业，形成相互融合、相互促进的现代产业体系，在海阳所镇构建集养殖、物流、商贸、研发、文创为一体的全国牡蛎产业中心。

②加强三产联动。促进渔业产业结构调整，提高养殖产量、效益和产

品品质，推行渔业集约化经营和产业化发展，构建现代渔业产业体系，积极发展渔家乐旅游产品，提高渔业附加值。巩固优势农业，建立高效生态农业种植区，发展体验、采摘、研学、科普等旅游项目，拓展生态农业旅游线路。推进工业产业转型升级，逐步取缔散布在各村庄的企业，重点聚焦海洋食品、生物科技和装备制造三大板块，向高科技、高附加值转变，并在镇区西南部规划一片以高科技、无污染项目为主的产业空间，引入高端产业项目，制定企业准入门槛，促进产业绿色发展，提高科技含量，提高产品附加值，打造乳山产业转型升级的"排头兵"。紧扣海洋特色，发展滨海高端度假、海岛运动体验、滨海健康养生、海上田园休闲、海洋科普研学等海洋旅游业，同时扩大镇区服务优势，优化服务结构，重点发展品质服务、文化传播、科研教育、健康医疗以及商贸物流等现代服务业。

（3）特色塑造，构建牡蛎主题的多元场景。

①加快特色小镇建设。以创建山东省级特色小镇为契机，依托牡蛎文化和牡蛎资源，打造科研孵化、商贸休闲、教育培训、冷链物流、文创休闲、康养旅游等于一体的、具有国际知名度的牡蛎特色小镇，助力乳山市牡蛎产业和社会经济健康可持续发展，重点做好牡蛎主题的五大升级：养殖升级、研发升级、加工升级、体验升级和物流升级。

②构建城乡融合空间。以小镇客厅为核心，城乡辐射融合乡村、田园、滨海、古镇空间，全面提升城乡环境品质，以河湖为载体，向西、向南融合田园乡村空间，助力乡村振兴；向东通过自然河流连接滨海沙滩，镇景互动，海天一色；向北通过绿地廊道、休闲商业与海阳古所互动，时尚与历史交相辉映。

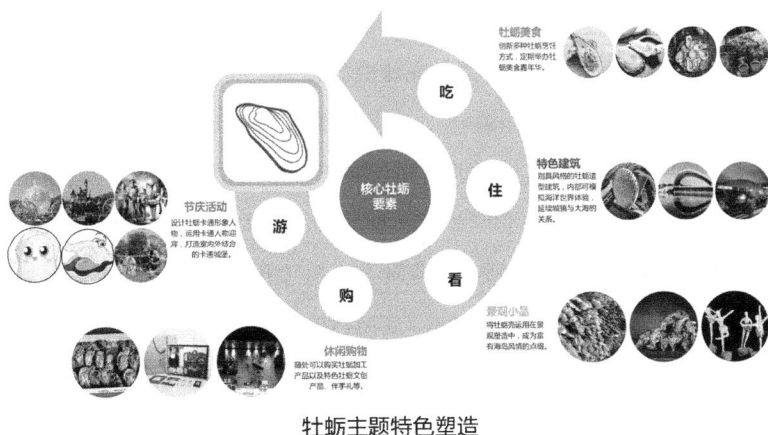

牡蛎主题特色塑造

牡蛎景观小品

③塑造多元牡蛎主题。重点构建"牡蛎+"文化、研学、科普、教育、美食、建筑、景观、小品、休闲、购物、节庆活动等复合业态，实现全方位、沉浸式的牡蛎主题体验，进一步拓展目标用户，实现资源价值转化。

（4）滨海度假，实现海岛资源的价值重构。

①一减一增，盘活滨海资源。搬迁育苗场，整治滨海沙滩，完善基础设施，重塑滨海环境；增加滨海度假功能，植入高端酒店业态，盘活闲置资产，激发滨海活力，构建乳山滨海休闲新核心，填补海阳所镇区无滨海休闲度假空白。

②南北互动，联动镇海湖景。在镇区构建海岛旅游休闲环，串联滨海沙滩、潮汐湖、牡蛎特色小镇、海洋古所、黑松林等资源，以优美的环境、聚合的功能、完善的服务设施吸引银滩旅游人口，实现资源价值的转化。

③一岛一品，加强岛屿联动。重点打造杜家岛海岛户外运动中心、杜家岛——渔家特色风情岛、小青岛村——海上田园风情岛、南黄岛村——魅力休闲度假岛、塔岛湾国家海洋保护区五大项目。依托原生态的海洋风光，浓郁的海岛风情，丰富的运动资源，大力发展休闲运动和主题民宿，引入运动俱乐部，加快特色主题民宿、滨海休闲度假、滑翔体验、海上垂钓等特色旅游开发，带动酒店、餐饮等现代服务业发展，全力塑造主题民宿、休闲运动胜地两张"名片"。

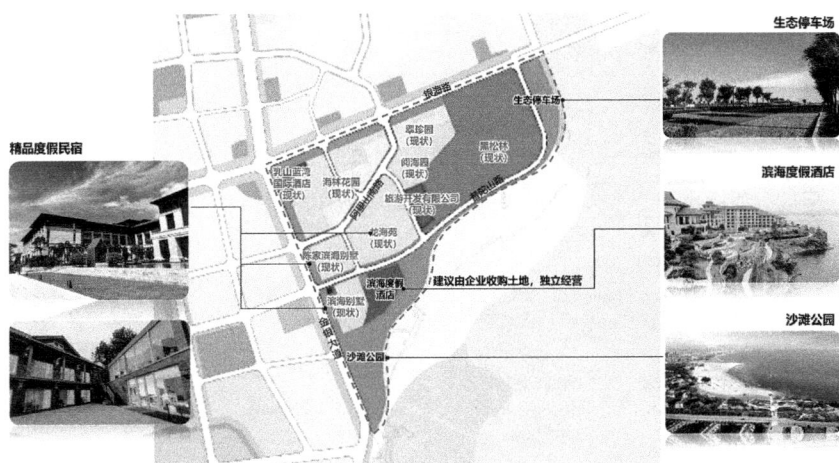

盘活存量，滨海度假

（5）精致镇区，打造优美宜居的人居环境。按照2018年6月12日习近平总书记亲临威海视察，作出"威海要向精致城市方向发展"的重要指示和威海市实施"精致城市·幸福威海"三年行动目标，明确海阳所镇区镇容镇貌、城镇秩序和环境卫生三大整治方向，做好整治分区、分级、分类和整体风貌引导。

①整治镇容镇貌，营造城镇海岛形象。划定综合整治范围，明确镇区北侧的产业园区和镇区东侧的黑松林及育苗区为重点风貌提升区，金银大道、东海路、长江路、环湖西路沿线为主要的线性提升空间。重点从金银大道北入口标识，长江路与金银大道环岛标识，以及重要道路沿街立面、可再生能源建筑、低小散块状行业、配套设施、园林绿化等方面进行整治提升。

②整治城镇秩序，构建和谐城镇空间。针对镇区车辆停放不规范、占用人行空间、人行空间合理性欠缺、人行道绿化设置不合理、行道树高度过低影响行人行走等问题，重点从道路分时停车引导、交通标识体系建设、电力电线改造等方面进行整治。

③整治环境卫生，优化城镇美丽环境。针对地面保洁、水体清洁两大内容，从环卫整治区域分级、完善环卫设施体系以及水体环境保护等方面进行重点整治。

（6）创新古所，促进海防古所的活化新生。海阳古所在本体、运作平台、产业定位、社会治理等多个维度进行创新发展。依托古城墙、古建筑、特色民居以及街巷空间，植入文化、休闲、商业功能，市场化运作，与国内

海阳所城镇规划效果示意图

知名古镇开发公司合作，充分发挥古所资源与平台作用，提高文化传承的知名度、市场化、专业化水平。突出文化休闲功能，培育品质文旅产业，加快古所与周边区域平衡发展，完善城镇功能，布局街心公园、文化广场等群众喜闻乐见的休闲场所，打造有现代商贸氛围、浓郁生态、人文特征的城镇。进一步创新社会治理模式，营造民主和谐、民心凝聚的社会氛围，为海阳古所产业转型升级提供优质的社会保障。

4.实施路径

区域协同，城、景、村、园、山、海、岛、湾资源重构，以及系统的解决方案是推动海阳所镇转型发展的有力支撑。海阳所镇作为中国海岛型小城镇的发展典型，在半岛城市群影响下，其实践场景主要表现为以下六个方面。

（1）产业场景：聚合区域资源，构建"国家牡蛎平台"。针对乳山滨海三镇各谋发展，区域关系边缘化、产业发展同质化、城市功能拼贴化以及配套设施滞后化等核心发展问题，整合全市资源，完善产业配套，以乳山市规划建设3.2公顷海洋牧场。其中，海洋牧场海上养殖部分位于海阳所南部海域、陆上配套设施选址于海阳所镇南部和在海阳所镇规划建设一座国家级中心渔港为契机，在海阳所镇选址建设海洋科技园、牡蛎特色小镇等重大项目，形成全国牡蛎养殖、物流、加工中心。

以牡蛎为核心，打造三大服务平台——国家级健康产品研发中心、海洋教育培训中心（牡蛎）、牡蛎文创休旅中心。以牡蛎产业的健康特色为基础，挖掘乳山长寿文化，与中国（乳山）牡蛎产业研究院、中国科学院海洋研究所、中国水产流通与加工协会等机构合作，建设国家级健康产品研发中心，进行海洋生物保健品研发、绿色食品研发。以牡蛎特色小镇建设为契机，建设海洋教育培训中心（牡蛎）融入培训功能，邀请行业专家来此授课培训，包括养殖技术培训、烹饪培训、旅游服务培训等，同时普及推广海洋生态、海洋保护等方面的知识。从牡蛎文化创意、衍生品设计、包装设计等方面入手，建设牡蛎文创休旅中心，拓展多元化滨海文创产品，促使滨海文创产业的发展，完善购物娱乐、休闲餐饮、滨海旅游体验等功能配套。

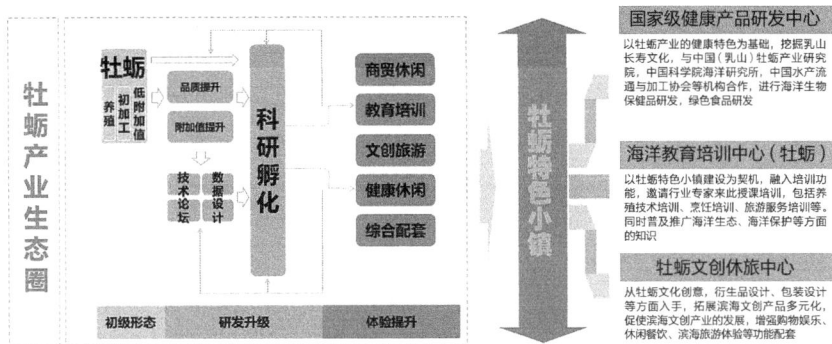

构建牡蛎产业生态圈，打造三大主题服务平台

（2）服务场景：聚焦功能、营造氛围，构建海岛优质生活。候鸟式度假、"冬冷夏热"是海阳所镇发展要面临的常态问题，以业态聚人，以服务品质留人，是海阳所镇发展建设的重点问题。主要通过低密度、街区式和多元化的空间组合，构建人性化邻里空间，营造远亲不如近邻的邻里氛围，通过设立分院、健康管理服务中心和智慧医疗等方式，提供名医名院在身边的高品质健康服务保障。此外，通过优美的滨海环境、远低于城市的成本、贴心的服务为企业提供闲适的办公环境。

（3）滨海场景：挖掘滨海资源，"大海·阳光·沙滩"。镇区缺活力、乡村缺动力，景区缺竞争力的发展建设困境，镇区以小城镇环境综合整治为主，划定环境分区，分级、分类管理，梳理闲置用地、主要道路划线以及绿化带等空间，增设停车空间，规范停车秩序，加快管线入地、统一店招、建筑立面清洗、节点景观、空调机位调整等方式，提升镇容镇貌。在此基础上，以滨海地区为重点，解决渔业养殖侵占优质沙滩，道路不通，周围九成房产处

海阳所镇街道整治效果示意图

于闲置状态等问题，通过一增一减的方式，搬迁育苗场，恢复旅游岸线，引入高端度假酒店，盘活闲置房产，填补海阳所镇滨海休闲旅游空白；在镇区聚合特色小镇、古镇、湖、沙滩、黑松林等优势资源，构建休闲旅游环线，激发滨海片区活力。

海阳所镇滨海整治效果示意图

三、云南省保山市姚关镇

1.乡镇概况

姚关镇位于云南省西南区保山市下辖施甸县南部，距县城20千米，国土面积195.2平方千米，山区占其总面积的94%，坝区占其总面积的6%，是一个典型的山区农业乡镇。姚关镇一角姚关，在古哀牢时有"濮人"群落，历史上是南方古丝绸之路上的重要驿站，也是军事、文化和经济中心，以"山秀，石奇，洞幽，水美"而享誉海内外，同时也有着悠久的历史和灿烂的文化。姚关镇曾被省政府命名为"特色旅游小镇"，2014年被评为"国家级生态乡镇"，2015年被评为省级建制镇示范试点，2017年被评为特色小镇。

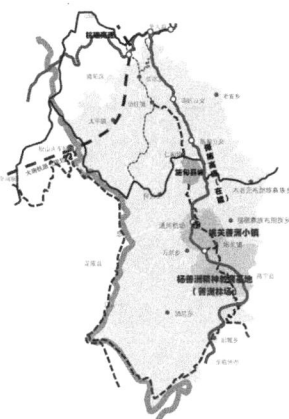

姚关镇在施甸县位置图　　　　姚关镇现状旅游资源分布图

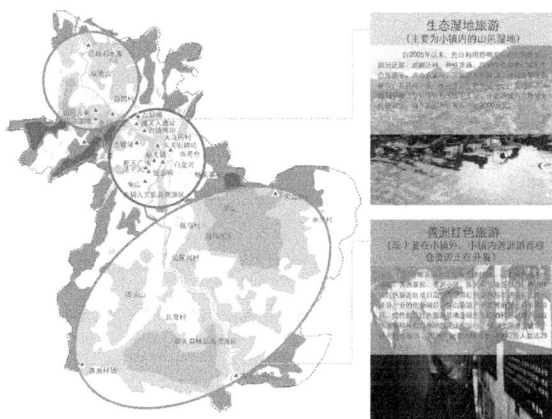

（1）自然风光。

①善洲林场是原中共保山地委书记杨善洲同志牵头创办的国社联营林场。通过22年的艰苦奋斗，林场森林覆盖率从建场之初的不足17%提高到97%，场内林木葱茏、流水潺潺、空气清新，富含负氧离子，是集"生态体验、红魂传承、森林探险、自然保育"于一体的人文生态旅游胜地。置身于善洲林场，身心和灵魂都是一种陶冶。目前，善洲林场是全国爱国主义教育基地，红色旅游线路的中心点，集学习、参观、食宿、购物于一条龙服务也初具规模。

②野鸭湖是天然的湿地，是姚关一个生态的象征，有丰富的水产资源，"山邑小鱼"颇具名气，"小龙虾"也是供不应求，党委政府高瞻远瞩，退田

还湖，恢复湿地面积更让野鸭湖焕发出勃勃生机。

③三块石水库是一个人工淡水湖，是孕育姚关人生命的摇篮，那里波光粼粼，湖光山色相映，"舟行碧波上，人在画中游"，三块石水库一直以来都是观光休闲的好去处。

（2）历史文化。姚关文物有代表意义的有三处，万仞岗、老虎洞和姚关岔地遗存。万仞岗在1987年9月24日出土的"姚关人"头骨化石至今已有8000多年的历史；老虎洞发现了距今18000多年前的旧石器生活、生产工具；在"火星山"周围发掘出新石器时代生活、生产用品，成为"姚关岔地遗存"。

姚关古迹具有代表性的就是邓子龙的靖边文化遗迹群，有清平洞、万仞岗、朝天洞、蝙蝠洞、恤忠祠五关（大关、小关、里骚关、芭蕉关、茨竹关），镇姚城，点将台等遗迹，一代爱国将领邓子龙万历十一年来到姚关抗击倭寇，开清平、破象阵、驻五关、邓子龙把中原文化带到了姚关，使姚关本土文化和外来文化来了一次大融合，奠定了姚关深厚的历史文化渊源，此后清平洞成了众多迁客骚人、社会贤达凭吊怀古的地方，李根源、李定、杨善洲都在此留下了足迹，和清平洞有着不解的情缘。1983年2月，清平洞列为云南省重点文物保护单位；1998年，中共云南省委批准姚关为爱国主义和革命传统教育基地；如今，由于杨善洲的骨灰埋在其中，清平洞更赋予了崭新的内涵。

清平洞　　　　　　　　恤忠祠　　　　　　　　大关

（3）民族文化。契丹是一个古老的游牧民族，因战争纷争，从中原地区往四周迁移，其中有一分支在姚关留下并生活下来，以大乌邑蒋家，蒜园私由庄蒋家为代表的这一个民族的后裔，将"青牛白马"与"破冰捕鱼"的民族风情和故事书写在姚关。

（4）红色文化。习近平总书记早在2011年就号召各级党员广泛开展向杨善洲同志学习活动，更好地坚持和传承中国共产党人的优秀品德、优良传统和良好作风。围绕这一指标示姚关镇着力建设"善洲"品牌，积极推广学习善洲精神，善洲精神就是一个共产党员崇高精神的写照，"善洲草帽、善洲蓑衣、善洲草鞋"每一个字眼都和老百姓密切的联系在一起，具有姚关浓郁的乡土人情味。

杨善洲生平纪事示意图

（5）美食文化。

①姚关年猪饭是姚关最具代表的饮食之一，是属于姚关的传统饮食，制作在冬季，主要口味以酸、辣为主，由于姚关气候适宜，一年到头都可以品尝到可口的年猪饭，"蒜苗炒猪肝，你说香不香，水腌菜拌生肉，吃了一注又一注"，这就是姚关人对年猪饭的形象描述。

②姚关腌腊就是冬季腌制的、可以储藏的食物，代表有火腿、香肠、骨头鲊、萝卜丝肉、水豆豉等，口味浓郁，在市场上供不应求。原来是一家一户杀年猪的时候做，自给自足，现在已经大规模在做，并且打出了商标，"雷打树""老滇味""康惠"等在饮食市场上受到了广大顾客的青睐。

③荷花宴是一项新鲜的饮食产业，结合姚关遍地是荷花的实际，把荷元素融入饮食当中，为游客朋友们制作一套别开生面的"以荷为贵"的精品饮食，代表有"荷叶卷""荷花酥""荷叶丸子""清荷汤""莲连九鱼""荷叶茶""荷叶饭"等。

2.历史文化名镇与文化融合共生模式

云南省凭借丰富的旅游资源、广泛的旅游品牌效应、完整的旅游产业体系和广阔的旅游市场需求等优势在近年的新型城镇化发展过程中取得了巨大成就。但总体来看，其城镇化发展依然面临明显的不充分和不平衡问题，发展格局依然存在亟待补齐的短板。

保山市作为经济欠发达地区，围绕打造先进制造业、高原特色农业、文旅大健康、现代服务业四大产业，加快滇西一体化进程。力争在面向南亚及东南亚辐射中心建设中走在全省前列，建设滇西工业重镇、滇西高原特色农业示范区和滇西世界健康生活目的地的现代化新格局。施甸县围绕市委市政府保施昌一体化、腾龙一体"两线突破"战略方针，以"美丽县城、美丽乡村、美丽坝区、美丽集镇、美丽村庄"多点联动的城乡一体化思路正稳步推进其新型城镇化工作。

施甸县姚关镇在这大背景下充分发挥其先锋带动作用，探索多元文化要素融合共生模式，具有在欠发达地区复制推广的重要意义。

传统城镇化实质上是以工业化为基础的空间和产业要素集聚过程，这一过程具有将从事非农活动的人口一次性、固定、"刚性"地向城镇集中的特征。而在欠发达地区，一方面由于镇区产业发展相对滞后，提供的就业岗位有限，无法提供充足的非农就业岗位，完成人口向镇区的高度集聚；另一方面，在其镇区外围因限制开发所保留下的秀美风光和魅力文化要素等吸引物而成为旅游人群青睐之地，也随之产生了大量非农就业岗位的可能。但由于传统旅游资源利用模式和现有薄弱旅游配套服务设施等原因造成游客带来的流量，既没有在外围景区形成高质量消费，也没有在镇区完成住宿或购物的闭环消费。

为破解这一困境，姚关镇提出文化要素引导下的多元文化要素融合共生模式城镇化。"多元文化要素"即充分利用历史文化资源作为本底条件，通过将文化资源产业化，强化构建特色产业生态链条，将文化与产业结合，以文化支撑产业，以体验支撑消费；"融合共生"即挖掘整合各种优势资源，以全域旅游为抓手，以美丽经济为核心，以创新空间为载体，建设独具魅力的文化特色空间，拉长游客停留时间；"多元文化要素融合共生模式城镇化"即相对原有刚性城乡二元分割模式，鼓励非农产业在符合国土空间用途管控的前提下灵活选择城乡空间布局，兼顾投资经济性和使用频次的同时，实现公共配套服务设施的统筹布局。

（1）以文活景，要素共生。文化是一种无形的力量，包括有形资源和无形载体，深入把握传统文化的核心内涵，提炼多种文化资源的同性特点，以雅俗共享、玩品兼宜、与时俱进为主线，形成核心主题加多个功能板块的文化主题矩阵，融合在各个重要旅游节点，实现观光休闲消费向沉浸体验消费的转型。

（2）以景塑镇，全域旅游。高原山地城镇发展往往受到地形地势的限制，难以形成大规模的集中建设开发。以全域旅游思路，通盘考虑镇域重要优势旅游资源的游线规划，避免贪大求全的全域景点式建设，精心规划集散、停留和观光线路的景区化营造，通过点线相连，串点成面的重点打造，实现全域泛景区建设。

（3）以镇促乡，城乡融合。县城作为基本公共服务供给中心，推动医疗、教育和文化等部门的"县聘乡用"，持续强化公共服务向乡镇、村庄的辐射延伸。城镇作为产业空间集中建设区，提供各类要素的集散、交易和转换场所，乡村和郊野地区，作为产业链、价值链的起点，形成以特色服务配套为基础的城乡共享基地，实现城乡融合。

姚关镇多元文化引领下的研学教育特色项目库

3.建设重点

姚关镇紧紧围绕着"善洲特色小镇"建设发展旅游业，以"红色+绿色"的党建引领下，高质量发展思路实施旅游强镇整体战略，矢志不移地实施旅游强镇战略，巩固深化"特色旅游小镇"和"国家级生态乡镇"建设成果，迄今为止接待游客20万人次，实现旅游总收入1700万元。

（1）高质量推动城镇发展，打造全域景区。服务施甸"一坝拓展发展空间、一路连通中心城市"发展战略，依托"善洲小镇"，统筹推进美丽集镇、美丽乡村、美丽村庄、美丽庭院"多点联动"的城乡一体化发展格局。完善集镇功能，完成集镇停车场建设，服务于"火星山—野鸭湖—姚关古镇—清平洞"旅游环线，解决姚关集镇停车难问题；规范集镇摊位、门店管理，解决商贩占道经营、妨碍交通问题；启动姚关集镇线网入地工程，解决通信线、广播电视线、网线、电路线交越、搭挂现象，消除线路安全隐患，美化集镇景观、优化人居环境。

具体工作包括：一是完善旅游道路指示牌。在施甸—姚关—善洲林场分别设置了17块旅游道路指示牌。二是在野鸭湖和火星山等景区分别设置了25块旅游景区温馨提示牌。三是在鱼洞山、桃花岛建设了两处旅游观景台。四是在2018年野鸭湖片区投资了600万新建设宅间停车位2443平方米，新建旅游厕所6座，新建绿化景观工程，占地面积约60.33公顷，景区内安置垃圾箱、旅游标识牌，新建凉亭6座。在产业培育上，培育农家乐20户，精品民俗20户，扶持固定商铺20户，扶持建档立卡户20户，购置观光小船10艘。五是挑选具有烹饪特长的96名商户开展烹饪技能培训，引导树立合理膳食、营养均衡的饮食理念，挖掘地方特色美食，为餐饮特色经营奠定基础。六是鼓励景点周边开设特色农家乐经营活动，重点动员野鸭湖片区农户开展农家乐经营，并给予一定的物资扶持。七是组织外出考察全域旅游和特色乡村旅游建设考察活动。多次组织干部赴腾冲银杏村、普者黑进行了乡村旅游考察学习活动，为开展全域旅游，建设旅游品牌拜师学法。

（2）高质量推动特色农业体系，稳步推进三产融合。

首先，进一步巩固提升以666.67公顷规模的烤烟、10万头规模的生猪、1万头规模的肉牛为代表的传统支柱产业，推进生猪和肉牛规模化、标准化养殖，全力构建生猪和肉牛全产业链高质量发展新格局。

其次，对标打造滇西"绿色食品牌"：打造山邑—蒜园片区莲藕种植、小龙虾养殖产业带、休闲观光农业带；打造杨美寨—河尾—大岭岗低热河谷特色果蔬农业带；打造摆马—瓦窑—陡坡—雷打树南部山区四村冷凉山区果蔬农业带、畜牧产业带等为重点的乡村特色产业。

最后，合理引导产业建设，目前初步形成山上有核桃、橘子；林中有中草药重楼等；村寨间有柿子、桃子等；夏有荷花，冬有樱桃；壮大农村旅游手工作坊、黄花粑粑、火烤糖、山邑草编等，打造吃购游，逐步形成了一年四季有亮点的乡村旅游模式。

全域景区布局图

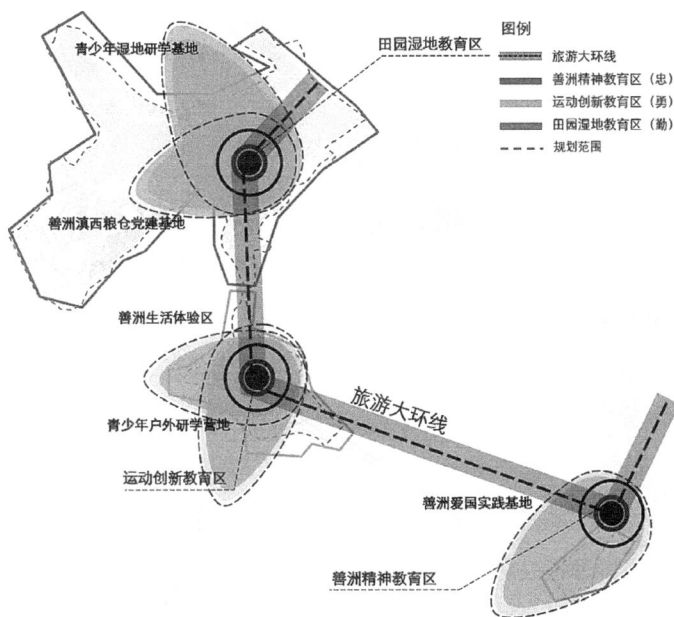

全域旅游大环线

近年已开展退田还湖，还原野鸭湖湿地，打造千亩荷田种植，从而延长产业链，实现山邑、蒜园、姚关、河尾等万亩荷花种植，山地规划樱桃、银杏等经济作物，打造"湖光、山色"。以此为基础着力发展、壮大农村集体经济，规范施甸县高山农产品生产专业合作社、山邑湿地红莲藕种植合作社等农民专业合作社运行，加大观光农业和体验农业开发力度，通过农业旅游创收，2020年山邑注入项目600万元，用修缮野鸭湖风景区观光栈道，旅游厕所，停车场等，为姚关3A级风景区打下坚实的基础。

（3）高质量推动旅游品牌化建设，擦亮旅游名片。围绕"善洲故里·水韵姚关"，贯彻"红色+绿色"的旅游发展思路，深入推进文旅融合。以生态小镇为起点，以开发"历史文化、民族风情和湿地资源"为特色，以姚关生态环境和旅游小镇为依托，注重观光产品与休闲、探秘产品的结合，强调自驾车沿途观光与民族风情体验、湖滨休闲、访古思幽、养身健身、特色购物及环境的协调发展，保护自然与人文环境，保障游客与居民的安全，打造"湿地小镇、人文姚关"旅游形象，构建"生态观光休闲、历史探秘体验"旅游区框架。按照"一个旅游中心，一条景观廊道，一个自驾车营地，五个旅游功能区，七个支撑性旅游产品，六条旅游线路"的结构布局，形成由707——姚关镇公路向三块石、野鸭湖、点将台、清平洞、火星山、林场、大关、茶厂扇形开发的态势。重点聚焦以下三大方向。

①以善洲林场为依托弘扬杨善洲红色文化，牢牢抓住杨善洲老书记的影响力，全国爱国主义革命教育基地，打造好善洲故里、善洲小学等一系列和善洲有关的建设。

②以清平洞为中心恢复建设邓子龙入驻姚关的历史遗迹，突出邓子龙靖边文化，将爱国主要教育活动与情景体验活动紧密结合。

③以新奇特为线索发掘契丹文化。契丹是一个古老的游牧民族，在姚关留下了足迹，并且生活了下来，大乌邑蒋家，蒜园私由庄蒋家就是这一个民族的后裔，挖掘他们失去的文化，打造好啊满蒋氏宗祠，利用姚关古镇的开发和大乌邑接壤，打造契丹文化烤羊城。

近几年重点关注宣传推广，一是邀请市内著名摄影家到野鸭湖、善洲林场拍摄景点图片，并将40块图片制作出来分发给4家农家乐进行悬挂和宣传；二是在荷花节期间邀请各大演出团队到野鸭湖演出，通过网络对姚关风景、人文、餐饮进行隆重宣传；三是制作了户外广告牌两块，对"善洲故里荷美人家"的乡村旅游口号进行宣传；四是利用在施甸、善洲故里、关山风月等旅游微信公众号，鼓励当地农户编写本地旅游资源或土特产品、特色菜肴等介绍或发展历史以及接收游客编写旅游散记、随笔等文章，通过宣传让更多人了解到姚关的旅游。

姚关善洲小镇全景俯视图

清平洞音乐会

（4）高质量推动生态环境建设，辐射县域南部。火星山已完成征地约66.67公顷，规划打造饮食、休闲娱乐为一体的精品农庄，并在蒜园打温泉一眼，实现"水墨姚关、蜜汤胜地"。重点以"养老＋旅居"和"户外＋康养"为两大方向，加快旅游转型升级，全面加强以山邑湿地野鸭湖为核心的旅游道路、旅游厕所、生态停车场、游客服务中心等基础设施建设，提升火星山温泉康养品质，强化其温泉养生文化宣传和建设，依托着施甸村镇开发公司，规划建设"帐篷酒店""温泉澡堂"，加快古村落、农家乐的建设，为当地老百姓和外来人员提供"温泉养生服务"。目前，每天接待量高达200

人次，为姚关旅游添了新活力。同步启动户外运动旅游线路开发，规划建设善洲林场骑行路线、火星山—野鸭湖户外运动项目、陡坡"少数民族文化体验+高山农业"观光路线。

4. 实施路径

（1）"旅游+全域"，建设旅游品牌。以全域旅游思路整体建设，积极融入保山旅游大环境。以旅游品牌化为抓手，用"旅游+"思维把特色做优，把精品做强，把品牌叫响。借助"野鸭湖风景区"与"杨善洲红色文化"相结合，打造好"特色小镇建设"，巩固"邓子龙靖边文化"，着力发展"荷叶茶""腌辣""草鼓凳"等文化产品，打响旅游品牌。以省级善洲特色小镇建设为核心，建设"望得见山、看得见水、记得住乡愁"的人文姚关，整合各类资源和力量，突出景点特色、气候环境特色、建筑特色和文化特色，着力打造以生态休闲垂钓、农业观光体验、户外探险为主导，具有善洲文化、地域特色的宜居宜游特色旅游示范镇。

（2）"旅游+农业"，带动乡村振兴。结合施甸县实际情况，按照旅游扶贫示范村创建工作要求，充分发挥旅游产业在脱贫攻坚工作中的积极作用，强化旅游扶贫示范村在乡村振兴战略下的引领作用，竭力争创乡村旅游品牌、筑牢旅游扶贫基础。走好产业发展路线，为旅游基础保驾护航，在产业调整上立足于一产并接二连三发展要求，制定"山上有树，林中有药，村寨有果，四季有花"的规划，杜绝一切有污染的企业。在旅游扶贫示范村创建工作中以野鸭湖、善洲林场、清平洞等靖边遗迹景点打造为依托，发展观光旅游业，规模化养殖小龙虾特色水产、壮大原生态土特产产品、拉动多产业融合发展，着力打造以生态休闲垂钓、农业观光体验、户外探险为主导，具有地域特色的宜居宜游特色乡村旅游示范乡镇。

（3）"旅游+文化"，提升体验深度。以"野鸭湖"为轴心，以点带面做好旅游扶贫，野鸭湖是姚关旅游第一个吃螃蟹的地方，不光有生态水韵资源，从旅游探索的发展也有十多年的历史，借助野鸭湖的成功经验可以辐射其他片区，着力打造好生态观光产业项目，利用好丰富的文化基础，打造好节庆文化——姚关荷花节，搭建民俗一条街，利用好丰富的文化基础，举办滇西山歌平台，让荷花节成为野鸭湖的标志。

（4）"旅游+康养"，增加发展潜力。积极培育旅游发展新业态，延长产业链。围绕打造生态宜居、康养养生、养老疗养的"善洲故里·水韵姚关"，主动融入大滇西旅游环线建设。借助省级特色小镇创建契机，依托博爱医药集团投资建厂资源，打造集康复医疗、温泉养生、生态宜居、文化深厚的居家旅游地。

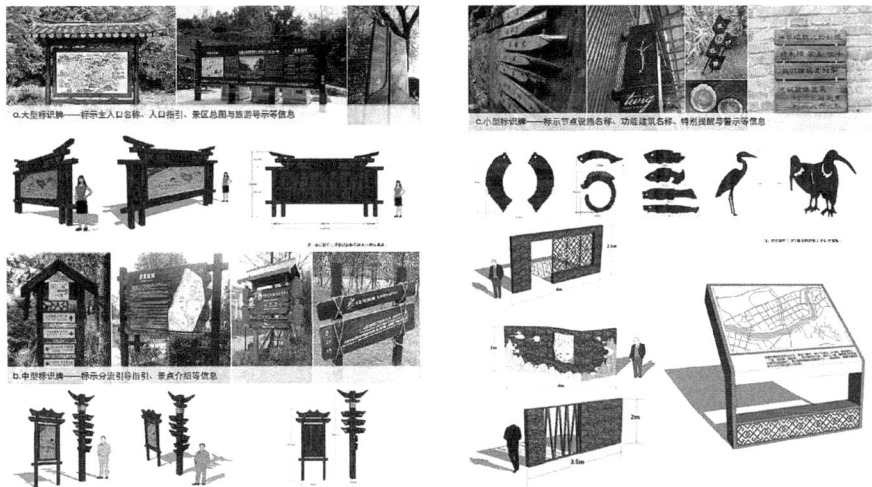

姚关旅游文化的标识化应用

建立的姚关小镇核心区项目库

四、经验总结

1.接轨国际，实现资源价值再生

资源是旅游型小城镇的核心，对于拥有独特性稀缺资源，并已经发展建设为景区的周边小城镇而言，关键是使景区和城镇的发展从产业链条上进行串联，实现景镇融合发展。一是利用自身的资源优势，实现价值再生，在产业上立足"景镇一体化"全域产业生态链，通过景区和镇区共同构成多样化的旅游目的地，从而形成多样化的旅游吸引力，提升人气，完善产业丰富度，提高全镇产业抗风险能力；同时景区和镇区均从事旅游相关产业，虽然产品内容有所差异，但关联的旅游项目也可以形成较好的旅游线路，并形成多条不同主题旅游线路，提升可玩性。二是景区和镇区通过道路串联，可共享旅游基础设施，建设单一游览景点的边际成本。三是有利于形成有机互补的生态空间格局，乡村在产业中有重要价值，因此可防止城镇扩张，侵占乡村，推进可持续发展。此外，重点围绕小城镇所面临的区域协同乏力、特色不足、配套设施不优和城景乡协同不足等困境，提出基于美好生活的筑基行动方案、基于美丽环境的整治行动方案和基于以镇促乡协景的美丽经济发展行动方案，系统化、场景化、动态化、全方位地破解小城镇资源重构价值再生的难题。

2.项目驱动，构建全域旅游格局

从旅游龙头项目来看，要以寻求小镇发展动力为核心突破口，引入或打造一到两个龙头企业的项目，依托项目核心企业间的相互联系，可创新采用众筹或联合的手段带动相关企业加入进来，形成龙头企业带动，大项目支撑小项目扩张的形式。从小城镇建设项目来看，产业、用地和人口的要素集聚都离不开优质的环境空间和便利的交通设施。但在欠发达地区的城镇建设过程中不宜盲目提高标准，脱离城镇原住民需求进行开发建设。应在项目中植入文化内涵，吸引市场投资。没有成熟客群的项目，就会缺少真金白银的资本投入，没有高品质服务设施，就会陷入无人消费的困境。在欠发达地区要想跳出这一困境，应秉承"先规划，后实施；先招商，后建设"这一原则，将通过科学论证后的长远规划拆分成符合实际的多个项目，借力政策引导包装项目，整合申报省市级重点项目资金，联合各级财政完成公益性基础设施建设后，通过项目吸引投资，充分调动社会资本完成锦上添花式建设。突出城镇特色，在空间形态的构建上要与产业、业态紧密相连，整合生态、产业园区、景区、乡村、海洋等各类资源，联动各功能载体，共同构建全域旅游格局。

3.彰显特色，打造品牌和文化IP场景化

旅游小城镇的特色化发展，是与资源、产业和文化的品牌化、IP化和场景化协同发展、同步实施的。在小城镇的建设过程中，具体包括：一是塑造有辨识的小品，在集镇整治提升过程中，将城镇特色元素融入雕塑、宣传栏、路灯、坐凳和道路隔离栏等方式，增加集镇的可识别性；邀请行业专家进行延伸产业链，开展主题研发、品牌推广、宣传营销等，与文化产业、创意产业相结合，提升资源的价值转换和文化传承。二是统筹设施配套和公共服务，提高绿化、停车、菜市场、健身场地配套比例，超前考虑特色街区、重点片区商业配置问题。开展增绿添彩、点亮夜景、烂尾"清零"、管理提升行动，消除功能短板和城市"疤痕"推进空地植绿、河道护绿、见缝插绿和拆违补绿，拆除市区范围内不规范的老旧门头，对广告招牌进行个性化提升，杜绝"一刀切"。三是实施城市亮化提升工程，优化临街楼体、标志性建筑、公园绿地亮化设计，营造风格多样、动静结合的小城镇"夜景观"。

4.以上下联动为依托推动城镇建设

通过空间联动，统筹考虑景区城镇空间关系；设施联动，提升景区城镇基础服务设施；功能联动，兼顾景区城镇生产生活功能；文化联动，体现景区文化与地方特色文化；景景互动，打造特色景边镇环境景观。通过互补性旅游功能配套与共轭性景观营造，以及地方性旅游特色挖掘和系统性精细化设计等技术方法，统筹改善城镇环境品质，优化"城镇—景区"发展系统。

对比其他类型的小城镇，旅游小城镇的整体城乡风貌和城镇环境品质提升尤其重要。集镇整体风貌要以城镇环境整治为基础，重点"治脏"，深入开展"干净集镇"建设，大力"治堵"，优化集镇建成区路网结构，统一规范划设停车位；重拳"治乱"，多措并举开展乱搭乱建、非法采砂、盗采山砂等社会乱象的整治工作。聚焦强大合力，高效率落实美丽集镇各项工作举措，保护、传承并凸显具有地域或传统特色的城镇风貌，同时兼顾本地市民和外地游客的配套需求。

传统城镇建设往往聚焦在镇区，且以县镇两级政府主导为核心。在欠发达地区，一方面往往是小镇区大景区，即各个优势资源分离较远，难以全

面覆盖；另一方面，政府自上而下的投入有限，杯水车薪。建议以造血为主，输血为辅的双管齐下式工作方式，县、镇两级政府财政投入完成必要性公益设施建设的同时，培育引导以乡村集体合作社为核心的特色产业平台建设，将分散化的资金汇聚整合，引导政府投资平台、村集体合作社和社会资本共建全域城镇，分享未来城镇发展的红利。在开发建设过程中充分发挥党建引领的核心引导作用，通过党组织全面领导村民委员会及村务监督委员会、集体经济组织、农民合作组织和其他经济社会组织，村级重要事项、重大问题要由村党组织研究决定，经民主集中决策后，充分结合原生居民对美好生活的需求，优先保障常住人口近中期实际配套建设，适当超前规划一定品质旅游服务配套。依据当地资源和地域文化传统需求建设具有传承特色的城镇风貌，并同时兼顾本地市民和外地游客的配套需求。

第五章 | 新时期小城镇发展建设的政策建议

◎ 探索就地城镇化新路径

◎ 差异化的管理体制改革

◎ 完善产业融合制度保障

◎ 动态的规划管理与实施

通过实施乡村振兴战略与小城镇可持续发展建设相结合，对城乡一体化发展存在的深层障碍的深入探讨和分析，在产业融合发展、小城镇建设管理、协同发展的配套政策、规划实施与管理创新等，提出相应的对策与措施。

第一节　探索就地城镇化新路径

推进就地城镇化是一项长期性、综合性的系统工程，涉及产业发展、就业创业、资金保障等方方面面，大力发展产业经济，尤其是农村一二三产业融合发展，以产业的聚集发展推进城镇化发展，城镇化与工业化、农业现代化、信息化协同发展，小城镇要积极发展农业加工业和农村服务业，综合运用城乡建设用地增减挂钩、全域土地综合整治、城镇有机更新、集体经营性建设用地入市等，盘活农村闲置建设用地，持续提高农民转移就业能力，多种措施拓展就业途径。

一、构建多级城镇化体系

在县域范围内，构建以县城、中心镇为核心，以特色小镇为重点，以农村新型社区、就地转型农业为补充的多层次就地城镇化体系，提升县城和小城镇的吸引力。重点加强基础设施、公共服务设施建设，以及城镇老旧小区改造力度，抓好民生工程，综合提升医疗卫生、养老托育、文化娱乐、体育健身等，逐步实现城乡服务设施均等化，建立城乡一体化的长效管理运行机制。重点改善中低收入人群、农村转移人口新居民的住房问题，支持共有产权住房建设，帮助城镇无房常住人口中有一定支付能力、买不起商品住房的群体拥有产权住房。与乡村集成改革相结合，通过全域土地综合整治、宅基地改革等方式，探索在镇区进行跨村集聚、大型新村建设等新形式。

二、整合资源破解要素制约

加大资源整合力度，系统解决"钱、地、人"问题，破解要素瓶颈制约。健全市场化投融资机制，激活多元投资主体，鼓励支持企业和社会力量投资建设和运营市政公用设施，扩大市场化服务供给。创新金融服务，构建以地方政府债券为主导的融资体系，加大对财政困难城镇补短板项目的支持力度，拓宽新型城镇化建设项目、城乡融合典型项目、特色小城镇建设项目等融资渠道，通过城乡建设用地增减挂钩、与驻地大企业合作、社会资本代建、银行贷款等建设镇区居住区和新型农村社区。通过坚持长效回看的监管举措，构建完善小城镇全生命周期的考核评价体系，从申报、建设、验收、运营及更新五个阶段，结合相关小城镇建设具体内容，分阶段进行回头看，对各阶段表现突出或进步明显的小城镇同样运用政策手段调节奖励方案。

三、构建分级评价体系和以奖代补奖励方案

为有效提高不同类型小城镇充分发挥自身能动性的意愿，建议围绕基础性指标、特色性指标和加分性指标三大类评分体系开展评优比选。其中，基础性指标兼顾不同地域发展情况，基本达标即可得分；特色性指标可因地制宜的有所侧重地选择最能体现小城镇特色项进行打分；加分性指标鼓励在某些方面进行创新突破的小城镇。

对于总评分靠前的小城镇，以各级财政配套资金，加大评优奖励吸引力，并通过提出具体实施细则，定期营造小城镇良性竞争的活力局面。条件允许还应成立工作专班，由各镇主要领导牵头，抽调相关职能部门、相关企业和社会组织共同推动评选工作，评选结果作为领导一把手考核的重要参考指标。

第二节　差异化的管理体制改革

深化乡镇管理体制改革，在延续自"十二五"期间以来积累的实践基础上，可重点围绕户籍制度、土地制度、社会保障制度、投融资制度和行政管

理制度几方面进行探索。其中，户籍制度改革创新方向应朝着有利于就地城镇化，吸纳农村剩余劳动力，在小城镇安心安居乐业的方向开展。土地制度改革创新则需同时兼顾集体建设用地同权同价的出让方式，和保障村民分享物业权益增涨所带来的红利机制。社会保障制度改革创新在吸收城市"五险一金"的经验，全面构建社会养老保险制度的同时，还要重点关注被征地农民长期性的利益补偿机制。投融资制度改革创新可在政府主导，多方参与下引入社会资本，在风险可控的前提下，通过建立可信数据平台，创新贷款模式，研发金融产品和探索建设模式。行政管理制度改革创新应注重合理引导基层治理积极性，围绕系统引导、全域治理、多元共建和良性互动几个关键环节进行探索。以上各种探索的最终核心则是扩大中心镇的社会经济管理权限，激发小城镇活力，即"强镇扩权"。而这也与中央一直强调的简政放权要求不谋而合。针对之前工作开展遇到的一些问题，提出以下三点建议。

一、循序渐进推动"强镇扩权"

基于各地经济发展情况不一，在推动管理体制改革时，应根据当地的社会发展实际条件，分时分阶段下放管理权限。总体分析，以社保、民政和计生为代表的社会保障类行政事项管理在小城镇发生频次较高，且与周边居民关系紧密，应优先考虑将其相关管理权限下放到绝大多数地区的乡镇政府；以安监、人防和公安为代表的社会管理类权限责任大于权利，且涉及较为复杂的专业技术，不建议将其管理权限下放；以发改、经住和商务为代表的经济发展类管理权限虽然也需要一定的专业知识，但由于可以通过分局垂直管理，或是技术培训即可掌握基础知识，也可在县级主管部门的有效监督下逐步展开权限下放探索；至于小城镇管辖区内的村镇建设工程项目审批权限，由于当前国土空间规划管理体系也在完善中，为避免原有城乡二元管理体系所遗留的问题产生新的影响，建议也要慎重制定相应约束条例再行实施。

二、设立多种类别权利引导机制

目前在相应管理体制改革中遇到的问题大体可归为几类：一是由于现行法律法规所约定的对应权限实施主体在乡镇一级政府没有对应机构；二

是乡镇一级政府缺乏相应专业管理人员，不能对管理事项作出有效判断；三是县级管理部门编制预算有限，一般也不愿将现有人员抽离下派到乡镇驻地协助解决问题。

要突破这一困境，只有灵活运用政策手段，设立多种类别权利引导机制。首先可以根据审批权的专业性要求增加，分别采用委托、派驻和协办三种不同程度的协助方法。其中，委托下放权限最大，一般处理非许可类和服务型事项；协办下放权限最低，需由县级协助乡镇部门完成相关手续。其次，建议采用联动机制确定单项权限下放方案，启动初期由县、县级主管部门和镇主要领导三方以联席工作小组的形式，在充分了解事项情况的基础上确定权限下放程度，理论上县级主管部门确定规则和依据，镇结合要求制订培训计划，执行阶段镇级作为申请审查和事项受理的窗口，县级主管部门则作为最终审查和决定的执行方。

三、完善更为有效的实施监管措施

从新型城镇化要求指导下，未来对小城镇一级政府的考核应更为聚焦在其城镇环境、统筹发展、固定资产投资和公共事业建设等方面的考核。由于大多数政策的最终实施落地也都落在小城镇一级，因此如何在有效管理中不再给其管理者带来额外负担和压力也是必须考虑的重要因素。

建议结合事务紧迫性和可控性将对小城镇的考核分为日常考核和年度考核。其中，日常考核要求小城镇对应事项管理部门认真仔细地做好台账和备案，按周期上交备查，县级主管部门采用抽查方式定期审阅；年度考核则首先要求小城镇以自查方式对全年完成情况进行通盘评估，然后由县级主管部门对其进行审查。

第三节　完善产业融合制度保障

后疫情时代，深化供给侧结构性改革，国内国际双循环相互促进的新发展格局，为县域经济发展提供发展新机遇，而小城镇作为其中承上启下的作用日益突出。因此，应进一步完善产业融合发展扶持政策，在制度建设上不断健全推进机制，加大融合发展扶持力度，完善土地、人才、财税、投资等政策，为农村产业融合的发展分步实现制度完善的目标。

一、因地制宜制定多样化顶层引导

小城镇完善产业融合政策的核心应是围绕本地产业结构和产业体系特征因地制宜地进行引导，围绕其城镇职能的不同，从顶层确定发展方向。综合服务型小城镇大多是城市群的重要节点或一定区域范围内重要的区域中心，因此要将区域分工的产业发展引导进行准确传导，并通过发挥自身的比较优势带动周边产业的发展。

（1）旅游服务型小城镇一般具有良好的生态资源或悠久的历史文化基础，在政策上，应鼓励政府与市场共同培育文旅融合和农旅融合的重点项目，针对重要公共服务设施围绕适旅化和共享化进行配制。

（2）工业生产型小城镇则是充分发挥小城镇的集聚效应，通过与中心城市关联产业园联动招商，以飞地园区或两园共建的试点政策引导大城市产业园区在土地、财政、税收和金融领域的优惠政策直达小城镇。

（3）农业发展型小城镇重点针对农业适度规模化发展需求，一方面制定农业现代化发展引导政策；另一方面结合现代农业社会化服务化需求，围绕引入高层次人才和高科技农业技术，加强对其培训机制的系统化建设。

二、分类谋划推动产业转型

总体而言，推动小城镇产业转型应当依托一产基础，延伸二产产业链和附加值，着力促进农业规模化、产业化和现代化发展，同时借力互联网和数字科技，积极培育电商产业，提高企业线上品牌影响力，加快传统制造企业转型。结合当下发展趋势，创造高质量文化旅游消费场景，匹配日益增长的消费需求，促进三产发展。但在政策制定上需要优先确立优先发展特色产业。所谓特色产业，不仅是指从区域层面看具有比较优势的产业类别，还可以是有利于实现联农带农富农的特色一产，包括具有较好资源条件、带动增收能力强的，或利于延伸支持农产品精深加工、副产品综合利用的种养业。

具体而言，针对传统农业型特色产业，首先要加强政策体系建设，通过"三品一标"提升行动，积极引导培育区域公共品牌、公业品牌和产品品牌；其次要在认定的全国地理标志登记保护产品基础上扩大强化优质知名品牌的知名度；最后则是以小城镇所在地的县级以上宣传部门为单元加大特色农产品的宣传和市场推广力度，提升特色产品的品牌影响力。

考虑到小城镇空间资源有限，针对二产特色产业发展，除少数交通区位和用地充裕地区，绝大多数小城镇应以培育小而精的优质特色产业门类为核心，避免陷入土地要素的吸引企业入驻的思路。

选取以三产门类作为优先发展的特色产业小城镇，则在对接中心城市功能扩散的同时，要充分关注区域同类地区类似条件小城镇的竞合关系，着重从人才、制度和软环境提升方面发挥特色优势。

三、培育优质项目引导形成产业链

优质项目往往具备高标准、高起点、高投入和高融合四大特性：高标准不仅包括硬件建设条件，也包括对生态环境和绿色发展影响的高要求；高起点是指从较长一段时间来看，项目均具有广阔的发展前景；高投入要求从总体投资额度和单位面积投资强度两项指标进行考量；高融合是指引入项目利于带动小城镇一产和三产的共同融合发展。综合分析，小城镇在行政能级和管理权限上存在的限制使其产业培育政策的自主性相对较低，因此建议政策优化上重点着眼于优质项目的招商落地。

但需要注意的是，优质项目的落地建设只是起点，而不是终点。小城镇需应通过优质项目落地建设实现相关产业链的培育。一方面，围绕优质项目引入打造样板标范工程，打通快速招商引资，招才引智的典型案例；另一方面则制定更多的配套政策，为优质项目关联企业后续入驻提供便利。

四、土地、人才、投融资政策建议

（1）用地政策方面，长期以来，年度建设用地指标很难下到农村，通过"增减挂钩"的指标也首先供应城市，导致农村地农村难用的怪圈。我国小城镇的一级土地开发一直由政府垄断，产业融合对新供地方式的需求推动模式转变，通过开展试点示范，通过农村集体建设用地入市和农村宅基地经营权转让等方式，允许农村新型经营主体参与土地开发。年度建设用地计划指标确定一定比例，专项用于发展农村新产业新业态。同时，允许村庄整治、宅基地整理等节约的农村建设用地，通过土地入股、公开转让方式优先保障农村新产业新业态发展用地。

（2）人才政策方面，农村新产业新业态发展、产业融合需要大量的跨界人才，不仅需要引入外部支持人才，更需要大力培养在地人才，加大农村实用人才和新型职业农民培育力度，当创新人才培养体制逐步使企业成为技能培训的主体，政府通过购买服务、事后补助等办法给予一定支持。

（3）投融资方面，加大投融资支持力度，加强财政投入支持，支持地方设立农村产业融合发展投资基金，开发定制式金融产品。通过各级政府支持的"三农"融资担保体系，或发挥财政资金的杠杆作用，通过设立基金、贴息、担保等途径，解决新产业新业态发展融资问题。

第四节　动态的规划管理与实施

规划评估是建立规划动态实施机制的一个重要环节，通过面向动态维护的规划实施评估方法，加强对规划实施的动态监控，建立规划动态监测系统、信息反馈系统，确保规划的动态实施过程和结果具有合理性、科学性。打破传统的指标数据控制规划管理，积极推行建筑形态和指标数据控制相结合的三维规划管理，以传统的二维规划管理信息数据为基础，以三维辅助审批规划管理和三维可视化为突破口，建立一个虚拟的立体建筑形态和环境，以动态和交互的方式对城乡规划、建筑形态及景观进行全方位的审视和评估，从而为城乡规划管理提供决策依据，逐步实现城乡规划管理的科学性和民主性。建立动态考核机制，对重点镇实施动态考核管理。依据重点镇考核细则，每年对重点镇建设发展情况、城镇规划建设管理情况进行一次检查考核；每三年进行一次考核调整，对于城镇建设发展速度慢、规划建设管理工作差、已不能发挥示范带头作用的重点镇进行末位淘汰，对于暂时未能纳入重点镇范围的乡镇，也可申请参加重点镇考核，以此激发小城镇建设工作的整体活力。

一般而言，小城镇发展过程中受到诸多因素影响，可以归纳为资源、土地（空间）、市场、资本和人力五大要素。其中，资源和土地（空间）都属于不可再生资源；而市场和资本根据人力资源流向的预期而改变，因此小城镇要做好动态管理与实施就必须把人力要素的流动趋势作为核心。

一、基于城市群的人口城市化动态调整机制

传统城乡规划手法偏重于围绕不同职能城市规模，按固定人口数量配制相应公共服务设施，但在城市群或都市圈中众多协同发展小城镇与其中心城市高度关联状况下，小城镇或者因为职居不平衡导致公共服务设施空置，或者因承担中心城市功能的疏解以及人口过于集聚导致公共服务设施缺失。要破解以上难题，就需要立足于都市圈或城市群总人口容量，通过以一定时间的动态监测数据作为支撑，确定整体公共服务设施配给在中心城市、各个小城镇间的动态平衡。

在技术层面，通过参照大中城市成熟经验，逐步完善建立小城镇公共设施"一张图"协态规划管理系统。通过专业技术人员将公共服务设施的数据按空间属性信息进行精准匹配，并固定专人进行数据常态化更新。未来公共设施的"一张图"不再是一成不变的理想"蓝图"，而是实时更新变化的"动态蓝图"。

二、建立数据共享协调实现三权分置

上阶段以小城镇为母体建立的"动态蓝图"只是基础，要消除行政辖区划分产生的公共设施供给过剩或缺失，还需要建立数据共享协调机制。同一上级行政主体下辖的小城镇，可通过上级行政主管部门以行政手段打通数据平台实现数据共享。但跨不同县区的小城镇要实现数据共享，则要考虑组建协调小组。一般情况可分为以下两种主要模式。

（1）一对一模式：是指通过协调小组将对应数据所有部门技术主管以会议形式沟通双方数据需求，经统一汇总后实现信息共享。

（2）中心化模式：是指以都市圈或城市群为单位，在数据共享初期就统一数据收集并处理共享平台或数据处理接入标准。任何数据的获取和交流在通过协调小组申请权限后都可以通过共享平台获得。

以上两种模式各有优劣。前者数据的获取协调流程较为复杂，实时更新频率有滞后；后者共享需求不明确，且数据资源质量差异大，部门配合意愿不强，且存在管控风险。

因此最佳协调机制是要取两者之长，采用"三权分置"的共享模式。三权分别对应数据归属权、数据使用权和数据共享管理权。数据归属权是各行政主体对采集数据的收集、整理、维护和更新工作，并对数据资源的完整、质量和标准负责；数据使用权是指不同行政主体为确定动态数据更新时，根据业务需要按实际情况，以最低限度要求申请使用的权限，并有义务在约定范围和界限内分析处理政务数据；数据共享管理权则是在共享使用数据中，充当调度、协调和仲裁的角色，对数据共享中出现的争议问题进行处置。

三、建立调查系统平台应用数字化技术处理

数字化的公共设施调查是共享数据平台建设的根本。建议以 GIS（Geographic Information System，地理信息系统）统一平台技术框架对数据库的建库格式进行约定。对不同作业团队规定标准数据的收集、绘制、处理和上传。具体包括：前期，在对数据进行踏勘测绘过程中，应分层、分类处理各类信息基础条件；中期，对记录信息和数据点的准确对应关系进行核查；后期，处理环节应明晰信息属性，并以矢量化模式绘图和无损数字格式转换，保障不同坐标下数据的通用性。

数据收集整理的关键还在于技术处理通过对历年不同数据变化的同一平台录入，基本实现时效性和动态化的展示方案。结合人工智能的飞速发展，利用新引擎综合分析动态变动趋势，并辅助作为分析和决策的依据。建议以下三个一作为抓手推进工作。

（1）"构建一张图"：以三维实地地图为底，将国土、文旅、交通、农业和水利等各部门多种类型的空间管理数据叠加在山、水、林、田、湖自然资源属性基础之上。

（2）"整合一张网"：配合历年城镇建设管理布设的安防监控、环保监查、智能采集感知设备形成感知城镇的物联网。

（3）"虚拟一个城"：以动态数据采集和预测为基础，实现人与城、人与人的信息交互及留存，构建"双生虚拟城"。

附　录　**国外典型模式和案例**

◎ 英国——"田园城市模式"

◎ 美国——"自由市场模式"

◎ 德国——"城乡等值模式"

◎ 日本——"一村一品"模式

第一节 英国——"田园城市模式"

一、田园城市模式

英国城镇化是以乡村工业的高度发展为前提，形成了工业村庄进而演化成为城镇，形成了鲜明的农业、工业分工，以"圈地运动"为代表，通过暴力形式强制农业人口向非农产业转移。虽然早期小城镇依靠工业获得了短期的迅猛发展，但是也带来了一系列灾难性后果。面对工业化、城镇化带来的种种弊端，迎来了英国社会改革思潮。霍华德对土地所有制、税收、城市贫困、城市膨胀、生活环境恶化等社会问题进行了深入地调查与思考，创建了"田园城市理论"，提出建设一种兼有城市和乡村优点的理想城市，打造城和乡的结合体。这一思想不仅对英国的城镇发展建设，对全世界的城镇规划都产生了深远的影响。此后，英国的新城建设主要有两个方向，即建立城乡要素结合的"田园城市"和卫星城，从"集约型城镇化"转向"分散型城镇化"，不断贯彻了霍华德的田园城市建设理念，重视小城镇的综合规划和建设发展，尤其是景观资源的保护和综合利用，将英国特有的传统景观文化与时俱进地融入小城镇的可持续规划建设中。

二、英国田园城市模式的发展历程及主要做法

英国是世界上最早开始工业革命的国家之一。在19世纪中叶，英国初步实现了城市化，若干工业城镇出现并快速发展；到1951年，英国的城市化率已近80%，小城镇在英国的城镇体系中一直扮演着极其重要的角色。

1. "城市病"背景和"田园城市"的提出

19世纪末，工业化的迅猛发展和城市化的无序扩张，导致英国城市出现严重的"城市病"。农村人口大量地、不断地涌入城市，但是缺乏科学规划，传统城市无法解决城市人口高度集聚带来的设施不足、人居环境恶劣，

以及由此引发的一系列公共卫生和公共安全问题。为解决这些问题，19世纪末陆续有一些英国的企业家、社会学家、建筑师、城市规划学者等社会精英，进行了大量的社会调查和深刻反思，探索"理想城镇"方案。为解决人口过度集聚所引发的"城市病"，需要通过适度疏散大城市人口到周边小城镇，建设一种工业时代的新型小城镇，其中较为著名的有阳光城、伯恩维尔、新爱尔斯维可等小城镇。这些小城镇要实现工业、生活、小镇的有机结合，城镇规模基本控制在0.5～0.7平方千米内，人口规模控制在4000人左右，绿荫道、开敞空间和花园住宅等人居环境的打造，以今天的居住标准来判断，仍然十分宜人。

19世纪末，英国社会活动家霍华德提出"田园城市"理论，强调社会、经济与生态系统的可持续发展，强调科学规划和合理布局的重要性，还进行了社会实践，霍华德本人发起建设了莱奇沃思（Letchworth）和韦林（Welwyn）两座田园城市，其"田园城市"的概念及其背后的社会改良思想，是英国小城镇建设的重要因素，深刻地影响了英国城乡规划发展。

2.战后重建和"新城运动"

1943年，英国政府成立了"城乡规划部"，以解决战后重建、退役军人归乡、住房短缺等现实问题，将小城镇作为战后重建和承载人口的重要空间载体。艾伯克隆比主持了"大伦敦规划"，并借鉴霍华德的"田园城市"理念，提出在伦敦周围建立8个新城，英国进入了"新城"开发建设阶段。"城乡规划部"为此专门成立了新城建设的咨询机构，研究新城蓝图、机构、立法等规划和相关政策。从1945—1970年的25年的建设时间内，英国共建成34个新城，容纳了180万人口，促进了战后经济迅速恢复与快速发展。

3.经济结构转型与内城振兴

从20世纪60年代起，英国进入了全面的经济结构转型和产业结构调整阶段。制造业的比重大幅下降，服务业比重极速攀升，生产性服务业逐渐替代第二产业成为国家经济的支柱经济结构的转型。在制造业内部，电子、新型材料、精细化工、航天等技术密集型制造业逐步取代钢铁、煤炭等传统工业，新兴产业强烈冲击了传统制作业。这导致除大伦敦和英格兰东南部以外的大部分城镇出现了就业萎缩、人口流失、经济社会发展停滞等，尤其是工矿型或产业结构传统单一的小城镇尤为严重。为应对产业重构、传统工业的衰退，英国实施"城市计划"社区发展项目，分别在1972年、1978年颁布了《内城政策》和《内城法案》，由此从新城建设转向了内城振兴阶段。2019年修订的《国家规划政策框架》中"确保城镇中心活力"仍作为国家层面的规划战略被提出，通过自上而下的支持性政策和城市规划，有效避免和延缓了小城镇的迅速衰退和消亡。

4. 城市区域协调和整合

1997年后，英国城乡规划转向通过区域协调发展带动城镇节点的整体增长。英格兰成立了9个区域发展办事处，中央政府的部分权力被下放至办事处，使之成为管理区域经济发展和振兴事务的准政府部门的公共机构，同时城市复兴公司逐步取代城市开发公司，由具体开发项目扩展至整个城市和区域。这一战略导向不再强调区域的均衡发展，而是通过集聚资源优先发展优势城市或区域，对大都市圈范围内或大城市边缘小城镇的发展具有较强的促进作用，通过建立交通和设施走廊联系边缘城镇和核心城市、区域，引导鼓励边缘城镇连入整个城市和区域构成的网络。

英国北部地区振兴计划——"北方之路"——具有一定的代表性，该区域居住了英国北部90%的人口，通过系统性地研究了8个不同发展背景和经济水平的"城市—区域"，分别从就业、知识产业、企业发展、重点产业集群、劳动力素质、机场、交通可达性、交通联系、可持续发展的社区、区域营销等提出经济增长战略，通过主要走廊进行联系，并对不同的"城市—区域"提出发展定位和规划，计划投资290亿英镑，打造具有国际竞争力的多中心"城市—区域"网络。

英国在小城镇建设过程中有很多成功经验模式。一方面，人口的健康发展是小城镇可持续发展的根本动力，通过政府引导和市场调节的双重作用，加大对基础设施建设力度，建立社会保障体系，实现城乡公共服务均等化。在此基础上，充分利用自身优势资源和政府的优惠政策，积极吸引外来企业和社会投资，促进农业人口充分就业，提升城镇化的发展质量。另一方面，英国政府非常重视城市规划，不仅以法律法规的形式来规范城镇发展，颁布了《住宅、城镇规划条例》《城镇和乡村规划法》和《城市规划法》等，并不断发展成完备的立法体系，还非常注重民众参与机制和参与方式。在规划制定过程中，保证所有公民有效参与，并在规划实施过程中通过引入独立的第三方机构进行检测和评估，以确保公民意见得以落实。鼓励民众通过不同渠道积极参与城镇建设，充分表达自己的建议或意见，形成科学良性的意见反馈机制，推进小城镇持续发展。

三、具体代表案例

艾坪位于埃塞克斯郡，在半个多世纪前，只是个普通地道的农村，如今"艾坪由农村到城镇的演变轨迹，是英国城镇化的一个缩影"。

1.构建全面的城建立法系统

艾坪在城镇化的进程中，充分尊重自然，顺应自然，没有乱砍树、乱拆房，既融入现代元素，过上城镇生活，又要不忘过去，让文明历史脉络贯通，这是城镇化的一个重大课题。为此，英国采取了一些行之有效的措施，其中立法是一个利器。据英国媒体相关统计称，自1909年颁布第一部《住宅、城镇规划条例》以来，英国先后颁布了40多部与城镇化建设有关的法律和法规，它们串起了英国城镇化建设的一个个成功秘诀。

2.创造离土不离乡的发展模式

以乡村为依托，重点发展以农业为加工对象的乡村工业。乡村工业发展的逐步集中，推动了农业与工业的分工，实现了农民的就地转化，同时又为农业的规模化经营提供了保障。它一方面把农村改造成为宜居的小城镇，导致了新工商业城市的出现和成长，促进了城市和乡村的融合，加快了农村的城市化过程；另一方面又缓解了大城市沉重的压力。

3.注重历史文化保护和特色城市打造

一是制定专项法律规范历史文化遗存和地域文化特色资源的保护。1953年，英国颁布了《历史建筑和古老纪念物保护法》等法律，以规范和引导城市（镇）改造和更新行为，至今列入官方名单的保护建筑有7.5万个。按照规定，建筑历史达到50年以上的，一般不允许再拆除；无人继承的则由国家历史文物保护机构收管经营。

二是1967年开始划定特别保护区，从最初的200个到至今已有9000个列入名单。

三是因地制宜，强化特色，根据当地的自然、历史和产业发展特点进行差异性规划，充分发挥城镇文化对城镇化建设的支撑作用，将城镇文化塑造与突出地域性文化结合。

4.建立和完善社会保障体系

英国是世界上第一个建立城市社会保障体系的国家，通过政府强有力的社会保障公共政策和宏观调控政策，推行"福利国家制度"来消弭自由放任城镇化模式所造成的一系列社会发展断裂：一是消除贫困，缩小阶层贫富差距；二是加强公共卫生设施建设，着力解决公共卫生设施匮乏问题；三是建立完善的社会保障制度。英国的社会保障制度向公民提供从"摇篮到坟墓"的全面社会保障，主要包括向居民提供基本生活保障；提供医疗服务；提供符合体面生活的住房；提供教育服务，解决移民的教育问题。

第二节　美国——"自由市场模式"

一、自由市场模式

20世纪中期，美国基本完成了小城镇建设，高度城镇化让美国基本达到城乡一体化、农村城镇化，美国的城镇化是建立在工业革命基础上的，而其动力依靠的是市场经济的推动，形成了以市场经济为主导的"自由市场模式"。财政独立是美国小城镇"自由市场模式"的必要条件和重要特征，这种模式既充分运用市场机制实现城镇化，又驱动人口自愿地向社区和小城镇流动，从而逃离"大城市病"。美国各地区经济发展差异化严重，不同区域出现不同特色的城镇，在大都市边缘地区集中了第三产业服务业，吸引了大量企业集聚和年轻人创业；在大都市和乡村交接地带形成了以旅游业或某一制造业为主导产业的独特城镇，受惠于交通便利，也受到大都市的辐射；还有一类城镇位于乡村地带的小城镇，服务于农村，并为大都市提供生活农副产品。随着城乡农副产品供求关系的建立，在大城市周边逐渐建立了一体化的农业生产加工基地，形成了完整的农业种植—初加工—深加工产业链，在解决了农业种植分散性问题的基础上，提高了农产品的附加价值。美国城镇化的快速发展得益于20世纪70年代的工业进步和西部开发，小城镇和工业区相互交错，在城镇化、工业化的同时实现了农业现代化，不仅解决了粮食和原料问题，也为工业化和城镇化提供了大量资金积累。

二、美国小城镇"自由市场模式"的发展历程及主要做法

发展初期，美国地多人少，通过成立移民局，采用预借路费、来去自由、给予公民权等诸多优惠措施，吸引大量移民，这批西北欧主体移民把欧洲的先进技术带入美国，满足了其城镇化和工业化对技术和劳动力的需要。大量外部资金和创业者的涌入，推动农业和工业得到快速发展。进入19世纪末，大城市建设迅速展开，以纽约为中心的东部地区首先崛起，并沿大西洋岸扩展，至20世纪初，以芝加哥为中心的中西部形成重工业区。经过半个世纪的发展，美国城市体系出现"郊区化"趋势，众多卫星城镇应势而生，进入20世纪60年代以后，美国实行"示范城市"计划，进一步扩大"郊区化"，形成人口迁移到更广大的地区，带动链接于城乡之间的小城镇发展获益。但因在早期发展中缺乏统一规划和政府调控，城镇建设的自由无序扩张带来了耕地浪费和环境破坏等"过度郊区化"现象。在经历"大城市病"和"小城镇无序蔓延"双向消耗的弊病之后，政府在城镇建设中的作用不断释放，从被动转为主动，以更加积极的姿态推动城镇建设由"粗放蔓延"向"精明增长"转变，倡导"生态化、精细化、主题化"。

1.市场主导，充分发挥政府的宏观调控、指导协调作用

在小城镇建设初、中期，美国奉行自由经济理论，主张由市场自发地调节经济关系，市场机制在美国城镇化和城市发展的过程中起主导作用。加之政治体制制约，联邦政府调控手段薄弱，造成城镇发展规划结构性失衡、城市无序扩张蔓延、土地资源浪费严重、生态环境破坏等一系列问题。按照工业化国家的经验，城镇化率达到50%是政府政策调节的最佳切入点。为此，美国政府及时推行双轮驱动政策，既强调市场化的作用，也注意把自由市场和政府调控相结合，更加重视政府的宏观调控作用。一是为产业的发展

和各种生产要素的流动营造一个社会化的市场环境和法制环境；二是通过市县合并、建立权威的大都市区政府、组建半官方性质的地方政府联合组织等措施，有效地强化了政府在推进城镇化进程中的宏观调控和指导协调作用；三是通过立法和行政干预，加强了城市规划、产业规划布局，在城镇化建设中更加重视对环境的保护；四是在20世纪末，美国政府提出了"精明增长"理念，要求城镇化沿着以人为本、绿色低碳、永续发展的路径深入推进，主要是强调土地集约利用、优先发展公共交通、混合土地使用功能、保护开放空间和创造舒适环境、鼓励公共参与、建设紧凑型社区等，通过政府行政、经济、法律杠杆发挥限制、保护和协调作用，实现经济、环境和社会的公平。

2.交通先行，夯实小城镇发展的基础

在美国城镇化发展中，交通运输在促进经济要素跨域流动、支持城镇经济协调发展、保障城镇社会有序运行、引导城镇产业合理布局、完善城镇空间格局形态等方面具有先行战略作用。一是修建铁路网，带动西部城镇建设。城镇化早期，美国的城镇主要集中在东部沿海地区，为带动西部发展，19世纪60年代，美国国会先后通过《太平洋铁路法案》等系列法案支持铁路建设，这些铁路深入西部腹地，带动了沿线一批新城镇的创建。二是为推进郊区化，联邦政府在1916年通过《资助道路建设法案》，改善州际道路，完善公路系统。美国联邦政府把市际公路建设作为城镇规划的重点，并拓展到州际公路和一二级公路系统，此时大批小城镇主要沿州际公路和市际公路主干线分布。为引导郊区化发展，美国大力建设高速公路，比如1956年通过《高速公路法》，建立联邦公路信用基金、征收汽油和车辆轮胎等消费税，直接资助公路建设，各州也发行巨额公路债券，带动公路建设。交通先行，运输服务安全高效的综合交通运输体系，对于更好地引领和推动美国城镇化健康持续发展，实现区域性城镇化与城乡一体化的相互渗透和融合，具有重要作用。

3.配套覆盖，提供均等化公共服务设施

在住房保障方面，联邦政府以贷款形式将资金拨付地方政府，在城镇建造一批低租金住宅，为买房者提供信贷抵押保证和税收补助，1934—

1937年间共建造了2200套廉价公寓。1944年联邦政府安排1600万老兵到都市边缘区和郊区小城镇定居，20世纪90年代末开始，重点帮助城镇低收入家庭、残障人、少数民族等弱势群体解决住房问题。比如支持城镇社区教育方面，20世纪60年代，出台了中小学教育法、高等教育法等，向小城镇和农村地区提供政府援助。政府还鼓励民间办学，引导大量社会资本投向教育，私立大学兴起，成就了一批世界知名大学，以斯坦福大学为中心的周边城镇和农村最终发展成为"旧金山—圣何塞"城镇群，孕育了著名的硅谷。在小城镇基础设施方面，美国政府考虑得比较长远，一般为50～100年的使用寿命，避免重复建设。

4.产业支撑，促进小城镇多元化发展

20世纪60年代，美国政府实行了"示范城市"的试验计划，开始对大城市中心区进行再开发。试验计划旨在分流大城市人口，充分发展小城镇。因地制宜地培育具有竞争优势的主导产业，是保持城市活力、推动城市发展的重要条件。离开了产业的支撑，小城镇将失去发展的基础。在小城镇建设中，突出以人为本，几乎每个小城镇都依区位不同呈现不同的特色和定位，依据实际情况，确立小城镇发展方向。比如，美国很多小城镇是因为几所大学的原因而慢慢形成了如今的格局，有的过于偏远的小城镇干脆就搞旅游或特点的制造业，政府负责规划管理和社会公共服务。在小城镇建设中，美国也非常注重整合各种要素，培育龙头城镇和城镇群，提升聚集效能，以点带面，渐次连片，在城镇群向都市圈和城市带的发展中消除城乡差别，推进区域城乡一体化、公共服务均等化，实现均衡发展。

5.农业化与工业化并重，积极探索内涵式发展的城镇化道路

美国在推进小城镇建设的过程中，没有简单地、孤立地进行城镇化建设，而是注重农业化、工业化、信息化与城镇化的并行发展，以农业化、工业化、信息化为小城镇发展的内在动力，积极探索城镇化内涵式发展道路。一是工业化引导大量的就业人口从第一产业转向二、三产业，通过人口和产业的集聚，为经济发展、社会民生奠定良好的产业基础；二是着力推进城镇化的良性内生增长模式，注重产业布局优化、产业转型升级、产业发展与城镇化的内在协调联动，为城镇长期、稳定、有序、健康发展注入内在活

力；三是通过信息化、高新技术使用和对传统产业的信息化改造提升城镇化发展的水平；四是在城镇化与工业化、产业化、信息化协调发展的同时，也为工业化、产业化提供了完善的基础设施和丰富的人力资本。

6. 政策保障，推动农业现代化与城镇化协调发展

在美国小城镇建设过程中，实现了农业现代化与城镇化相互促进、同步协调发展，这主要得益于政府制订了全面完善的农业农村政策体系。一是出台《宅地法》，在一定程度上满足了西部垦殖农民的土地要求，确立了小农土地所有制，从而为美国农业资本主义的发展创造了有利条件。为西部开发提供法律制度保障。二是重视农业基础设施建设。20世纪30年代，联邦政府设立农村电力管理局，负责建立庞大的农村电网，实现了农村电力设施全覆盖。三是改善农村基础设施老化问题。进入21世纪以来，针对农村部分基础设施老化的情况，联邦农业部拨款重点支持乡村社区公共设施、住宅和企业三大类19个子项目，帮助农村地区改善供水和排水系统，修建供电设施以及远程教育和网络工程设施等。四是重视农业技术进步，通过颁布法案免费拨地建立高等院校、拨款兴建农业研究机构来形成富有效率的农业科研和推广系统，为美国农业的快速发展作出了巨大贡献。五是平衡城郊发展，提高电器的普及，实现农村生活方式向城市化的转变，让农村居民享受到现代化城市的发达、便利，并实现生活质量、生活方式、生活观念的全面升级。一系列政策保障秉持以农民为本的理念，尊重农民利益，对农业实行保护政策，用工业剩余反哺农业，妥善处理农民的困难和问题，不以牺牲农民利益为代价完成城镇化，保证农民利益不受损害，这就避免了一些国家在城镇化过程中出现的贫富差距拉大、社会混乱动荡的极端情况。

三、具体代表案例

费尔法克斯郡是美国最成熟的产业型郊区城市之一，位于华盛顿西南部弗吉尼亚州北部。该郡面积共407平方英里[①]，人口约107.7万人，是弗吉尼亚州乃至大华盛顿地区人口最多的辖区。它是产业发展最好的郊区之一，

———————
① 1平方英里≈2.5899881平方千米。

还是美国第一个家庭收入达到六位数的郡。费尔法克斯郡的就业机会普遍围绕县专业服务和技术枢纽，该地区的小城镇发展主要动力是交通导向、财富聚集和人才集群。

1.企业高度集聚活跃地区经济

费尔法克斯郡是大华盛顿地区经济活动的重要聚集区。目前有包括费雷德马克在内的五家世界500强企业的总部坐落在该郡辖区内，并且大华盛顿地区50家发展最快的企业中有22家也在这里，同时它还是近300家商业团体和专业社团的总部基地。同时良好的创业环境和优质的企业服务也吸引了众多小企业进入，约97%的企业是雇佣员工数不足百人，年收益低于100万美元的小企业。

2.政策保障弱势企业公平竞争

在费尔法克斯郡工商业界，由少数族裔开办的企业占了很大的比重，处于弗吉尼亚州的前列。这些企业在费尔法克斯郡的经济发展及工商业多样化过程中有着举足轻重的地位。对于弱势企业，小企业主利益保护局制定了"企业发展计划"，即在给这些企业提供技术和管理支持的同时，通过单一渠道、有限竞争合同及特供物品储备来帮助它们进入联邦采购市场。

3.高新技术支撑经济不断增长

从高利润的公众持股公司到年轻企业，费尔法克斯郡拥有超过5400家科技公司。由技术密集型企业带来的就业岗位高达13.5万个。世界知名的高新技术企业也将总部设立于此，科技成为支撑费尔法克斯郡经济增长的新动力。在此期间，从传统的政府市场到包括因特网服务、信息技术和网络通信在内的主要新经济部门都逐渐走向多元化的发展。

4.充裕空间吸引财富聚集

费尔法克斯郡拥有大华盛顿地区最大、全美排名第四的写字楼市场。中心商业区泰森角拥有2600万平方英尺①的办公空间，占全郡总量的1/4。

---

① 1平方英尺≈ 0.0929平方米。

另外三个大的房地产市场——杜勒斯、赫恩登镇和赖斯顿——则集中在杜勒斯公路走廊周边。从赖斯顿中心城高密度的城市布局到传统郊区办公区，为不同的需求提供了多样性选择。在泰森角和杜勒斯公路走廊的写字楼占据了全郡50%以上写字楼市场的同时，其他分市场都以其位置优势和产品多样化积极地参与激烈的市场竞争，且费尔法克斯郡的办公空间从未停止过增加。

5.充足就业机会吸引技术人才

因企业集聚程度高，费尔法克斯郡共有就业岗位59万个。在本地就业的居民比例为54.1%、失业率为3.4%，众多科技企业在国土安全、互联网、电子商务、软件开发、电子通信、系统集成和宇宙航空等方面给费尔法克斯郡提供了大量的就业机会。在全郡非农业就业人口58.8万人中，就职于专业技术服务行业的比例为26%。

第三节　德国——"城乡等值模式"

一、城乡等值模式

城乡等值模式是指对整个国家而言，乡村与城市具有同等价值。其主要表现为城乡居民的收入等值、公共服务等值、社会保障等值和生活便利程度等值，城市与乡村相互依赖，构成了利益和责任的共同体，是德国重要的国家目标。德国村庄更新采取循序渐进的方式，于20世纪五六十年代提出"乡村再发展"实施战略，在此基础上针对特定发展阶段对乡村战略进行调整，以提高乡村生活质量和工作环境为主要目标，以土地整治为核心，围绕乡村基础建设、农业发展、人居环境、乡土文化四方面内容制定远期方案，结合法律法规调整，在制度层面对农村改革进行规范和引导。

二、德国的"城乡等值模式"的发展历程及主要做法

德国作为欧洲核心发达国家，农业面积约占据国土面积的近一半，在

漫长的乡村区域治理建设过程中，"法治建设"最为突出，同时以"人文主义模式"推动"村庄更新"。第二次世界大战之后发展至今，主要分为再城市化、农村现代化、农村生态化、农村可持续发展四个阶段。

1.再城市化阶段

20世纪四五十年代，为实现战后社会经济的快速复苏，加速推进城镇化，城乡发展失衡，乡村环境被严重污染，基础设施建设落后。随着生物技术和机械化的普及，德国农业大发展导致农业人口需求大幅减少。两个因素叠加在一起，使越来越多的人逃离乡村，涌入城市，带来了大量乡村空心化和城乡发展不平衡等问题。为解决这些现实问题，德国政府开始实施"乡村再发展"战略，颁布了《土地整理法》，明确了乡村更新的各项内容，重点解决粮食安全问题和村庄结构、环境的改善。

2.农村现代化阶段

20世纪60年代，德国全面实施"乡村再发展"战略。主要进行新城建设和乡村公共、基础设施的建设等方面，随后政府投入大量资金补助村庄拆建和新城建设，在这个过程中忽视了对原乡村生态和风貌的保护，导致现代建筑逐步取代了传统的乡村建筑和自然景观，乡村传统特色消失。基于此，德国以提升乡村经济价值、生态价值和文化价值并举为目标，提出了"乡村更新"战略，强调乡村面貌的独特性，重视村庄规划和生态环境的整治，以实现乡村特色保护和自我更新。在1976年对《土地整理法》进行修改，明确了乡村土地、饮用水安全和自然生态景观等方面的保护要求。

3.农村生态化阶段

20世纪七八十年代，"乡村更新"战略的实施，使德国大量城市居民迁入乡村，乡村更新的重点继而转向新居住区的建设，用以缓解乡村地区人口密度过高的问题，随着生态意识深入人心，生态和社会因素评估成了乡村更新的关键目标。20世纪90年代，为保护村庄居民点布局、乡村历史建筑和自然景观，德国政府颁布了《乡村规划政策》，提倡乡村生态环境及传统建筑的保护，反对大拆大建等。

4.农村可持续阶段

20世纪90年代后期，乡村生态环境保护意识再升级，乡村持续发展被列入乡村更新计划。制订的乡村发展计划以保护环境为核心，重点包括农产品质量、市场体制的改善以及对贫困乡村给予财政补助等内容。

三、具体代表案例

美国著名城市学家刘易斯·芒福德曾指出，"城与乡承载着同等重要的价值并需要有机结合在一起，在这方面，德国是成功的"。"德国的城市是农村，农村就是城市。"据德国联邦统计署2016年统计年报显示，至2015年年底，德国城镇化率为77.2%，有约41.6%的人口生活在介于大城市和农村之间的广大城镇地带，其中南部联邦州巴伐利亚正是这一城乡均衡发展过程中的佼佼者，仅用了几十年时间，就从第二次世界大战后的贫困农业州转变为德国最富裕的工业地区。

1.消除城乡"二元化"观念

1950年，德国赛德尔基金会开始倡导"城乡等值化"试验。该试验的核心理念是，农村与城市生活虽不同，但是等值，即通过土地整理、村庄革新等方式，实现在农村生活并不代表生活质量降低的目标。

德国各州政府开始助推"城乡等值化"理念。这方面，巴伐利亚州表现尤为突出。1965年，巴州制定了《城乡空间发展规划》，将"城乡等值化"确定为区域空间发展和国土规划的战略目标，从法律上明确了这一理念。该目标要求城乡居民具有同等的生活、工作及交通条件，保证土地资源的合理利用，保护水、空气、土壤等自然资源。民间组织和政府齐发力，实现了农村经济与城市经济平衡协调，弱化了城与乡观念上的差距，"至少不会觉得留在村镇上就是一件丢人的事"。德国农村人口向城市涌入的状况明显减弱了。

2.聚零为整，以规模化促农业发展

早在1955年，德国政府就制定了《农业法》，允许土地自由买卖和出租，使得原本规模很小、经营分散的小农场转变为10～20公顷或更大规模的农场，从而盘活土地资本。50年代中期，德国政府又开始实行《土地整治

法》，调整零星小块土地，使之集中连片。同时，政府还利用信贷、补贴等经济手段来鼓励小地块所有者出租或售卖土地，以促进土地自由流动，扩大集中规模。

在土地"集约"的过程中，土地上的生产方式也在不断变化。1967年，德国制定了《合作社法》，后来又多次修改完善。德国的合作社按其设立的目的主要分为流通合作社、购销合作社、生产合作社、合作银行以及为社员提供特定服务的各种服务性合作社。法律规定，合作社员为7人以上，按其出资额的10%分红。这和我国国内的合伙企业相类似。农民参加合作社不仅可通过资源共享、互通有无、精细分工来获得丰厚的经济利润，而且能减少中间损失和债息风险。据了解，1970年以来，德国的大多数农业合作社走上了相互联合之路，形成更大的合作组织，最后发展成为地区性的合作联盟，甚至是国际性的合作联盟。截至2008年，德国合作经济组织已达到3800家，全国每5名成人中就有1人为合作社社员。

3.有序地优化村镇产业结构

德国村镇在农业用地结构上，根据其自然资源禀赋特点和可持续发展要求，突出发展生态农业。目前已形成以畜牧养殖业和葡萄、小麦、大麦、玉米、牧草等种植业为特征的高度国际化的高效农业产业结构。在德国村镇产出的大宗农产品中，初级产品生产所占比重已经相当低。这种农业产业结构的选择和国际贸易政策调整，充分发挥了欧盟成员国的山地资源、地理环境和劳动力素质优势，取得了较高的经济效益、生态效益和社会效益。为更全面地提高村镇地区的经济实力和竞争力，德国村镇在升级第一产业的同时，也有序地推进二三产业的发展。

第四节　日本——"一村一品"模式

一、"一村一品"模式

"一村一品"模式是指在一定地域范围内，按照市场需求，以乡村地区聚居区为基本空间单元，充分依托和挖掘资源优势，除日本本土市场外，聚焦国际市场,发展具有竞争力、高水平、高附加值的主导产业,提供具有明显地域标识的农产品。在这个过程中,大力推进规模化、标准化、品牌化建设,实现资源价值的市场化转换,并以此形成单个或多个相对集聚的乡村生态、生产和生活聚落。

日本非常重视地方人文历史的保护,在乡村与城镇建设中,工匠精神与创新思维相结合,既有对原有传统文化的保护,又注重在保护基础上的开发利用方式的探索。在"一村一品"的发展模式基础上,将空间对象延伸至乡镇、县区甚至是区域范围,运用这样的模式不仅仅在农产品上,在对象上也可以延伸至文化旅游、休闲度假以及历史人文等方面,具体的产业产品非常多元化,可以从"一村一品"到"一县一品",从"一村几品"到"一县几品",无论是空间关系还是产业联动,都是根据市场需求的变化而不断发生变化的。因此该模式不局限在乡村地区或农业产业发展,为打造具有特色、地域优势的品牌集成,从空间到功能,从品质、品位、品牌等各方面都要形成竞争力。

二、日本的"一村一品"模式的发展历程及主要做法

20世纪80年代,日本发展处于快速工业化和城市化阶段,大部分县均面临乡村地区发展缓慢、落后于城市地区的困境,青年人都选择进城发展,农村人口数量快速减少,产业和经济发展极度萎缩。面对这种严峻的挑战,以日本东南部的大分县为代表,率先发起了"一村一品"运动,旨在利用本地资源优势,打造具有地方特色的主导产业产品,带动农业发展和农民就业,从而实现振兴经济的目的。事实上,在大力倡导和推广"一村一品"运动后,日本乡村的民生环境、农民收入,尤其是地方产业都得到了大幅度的改善和持续性的增长,发展至今不断成熟,形成了良性发展的循环模式。

日本的"一村一品"模式不仅成为日本乡村地区的示范案例,其所带来的发展成绩亮眼,使得在全世界范围内的国家和地区也逐渐开始效仿,得到了广泛的推广、应用,结合不同国家和地区自身的资源优势、产业发展、政策策略,成为易推广和能落地的经典模式。

1.补贴制度，出台农业保护政策

这主要体现在税制、补贴和控制进口三大方面。日本乡村地区的农民和城镇地区的居民同样需要缴纳与生产资料相关的税收，但是农业用地的使用功能继续用于农业生产相关用途，就可以在土地相关的税收方面享有减免或延期缴纳的优惠政策。与税收方面的优惠政策相比，农业补贴力度更加有效，通过顶层引领，农业资源进一步得到保护与释放，并且通过积极的市场引导，进一步开放产品价值与供求关系，让社会资本更多地投入到产业发展、人才培养、设施完善以及农业资源的保护和利用上来，比起对农业的直接补贴和税金减免，更加容易形成可持续的发展动力。此外，日本还通过国家手段适当调节进口农产品的关税额度，用以平稳国内的农业品价格，也是一种行之有效的保护措施。

2.技术支撑，建立农业科研体系

日本政府十分重视产业科学研究与技术人员的培训，在现有的教育体系中，从农业科研体系建设方面植入完整的组织机制，通过农业协会或组织，覆盖全国范围内的农业产业发展。同时，中央财政增加对农业产业技术的推广预算，形成了中央到地方，基层到管理的立体化的组织体系，在农业产业发展、社会化服务等方面发挥着重要作用。

3.多举并进，积极推进改革措施

日本农业的一系列改革措施主要源于两个方面的考虑，一方面，通过科学有效的引导，让农业的发展更加具有高质量，同时让农产品的品质和多样性得到了很好的保障，确保了食物的稳定供给，不断提高自身产业链的韧性；另一方面，通过有效的管理，让农业的生产模式和生产过程更加公平、清洁和高效，从而在生产过程中让周边的生态环境和水土资源得到了有效的改善，这与意大利慢食运动发起人卡洛·佩特里尼所倡导的理念十分相似。

要实现农业产业多元化，离不开头部研究的成果应用。为了长时间得到有序的良性发展，日本对实践经验进行总结与反馈，加大了科学技术的研究力度，不断加强技术赋能，从育种到管理技术再到收割方式都强调新技术的运用。划拨固定的农业产业资金，帮助从事农业的新农人更好地获取相关的技术知识，培养高端的农业工人和管理者，同时通过降低产业准入的相关要求，引导企业、资金、人才等因素快速集聚到农业领域，形成带动效应。

4.企业介入，促进农业规模经营

农业想要形成具有竞争力的产业优势，必须形成一定的规模效应。日本的传统农耕文化根深蒂固，大多数农民不愿意离开世世代代生活的乡村地区，而自给自足的小农生活虽然不能为他们换取大量的财富，但可以给他们带来安稳的生活保障。为了让土地资源能够集中起来，逐步形成规模效应。日本政府通过对农业产业的市场化引导，鼓励相关企业进入整个农业产业链中，通过政府的鼓励、政策的引导和资本的运作，形成前端规模化种植，中端先进技术化管理和后端的市场化经营完整的服务流程，是土地资源在一定程度上，按照市场化的方式进行集中，种植的种类也相对明确，帮助广大农民更好地参与到农业生产中，获得更多的回报。

5.产品溯源，高度重视食品安全

日本是喜爱生食的国家，食品安全尤为重要，也就对产品的安全健康提出了更高的要求，标准化是农产品安全的保障基础，包括生产阶段、运输阶段、储藏阶段与经营阶段，贯穿到食物到餐桌的整个过程。在生产、销售的各个环节的安全管理措施也变得十分严格，强调对农产品生产的监管，对产品严格筛选，制定溯源制度。对农产品而言，起到了自述作用，每一种食物都有自己的信息，包括生产地址、产出时间、生产商以及储存时间与方式等信息数据，能够快速找到每一个产品从农田到餐桌的每一个细节，对消费者来说就更加有安全保障。针对不同品类的农产品进行分类管控，从而更好地服务于不同需求的消费群体。

6.追求品质，用心创造民族品牌

通过精心策划的宣传给予农产品很好的赋能效果，使得日本农产品的品牌效应得到了很好的释放，甚至要高于进口产品。在日本国民看来，民族产品的高品质是一种自豪感和归属感的来源，无论是国内媒体还是社会舆论，都十分重视对于农产品品质的关注，往往用大量的篇幅去报道一种产品的基本信息和特色，让大众能够在食用的时候更加放心和愉悦。与此同时，对产品品质的执着更多地体现在品牌塑造方面，由于日本社会经济发展到了相对发达的阶段，对于产品的理念是"质量高于产量"，对生产过程中的要求十分严苛，孕育出了神户牛肉、鱼生寿司、越光米等大批名牌名优产品。

三、具体代表案例

1. 马路村

20世纪70年代，日本政府为了保护生态环境，推出了大量的政策措施，在一定程度上限制了原有的农业生产活动，导致大量村民的经济收益受到了影响，迫使他们外出谋生，农村的常住人口出现了锐减的情况。而马路村就是这种现象的缩影。村里的农业产业发展基础条件并不好，柚子是唯一能够被大面积种植的特色农产品，但是品质和市场环境并不是很好，如何能够协调发展与保护的矛盾，突破发展困境，需要创新的视角来思考。

马路村紧紧抓住"柚子"这唯一的特产资源，从产业链上进行了重要嫁接与延伸，利用工业化的方式，加大了对柚子产品二次加工投入，形成了工农循环的产业发展模式，通过工艺突破和技术嫁接，生产了例如柚子果汁、果肉和果酱的多种农副食品，产业的附加值被大量激发出来，助推村庄快速发展。工农循环的另一种模式是农业废料以及加工废料的再利用。马路村建有利用柚子加工废料开发的化妆品、香皂等产品，逐渐形成了集生产、加工、储存、销售和售后服务于一体化。同时，梳理品牌意识，通过产品包装和媒体广告进行宣传，不断强化乡村的产业品牌效应，在高速化发展过后的今天，马路村的这种乡土文化以及农业产品得到了大众的青睐，村落的每个角落都体现出了村庄文化与产业特色的默契。从"柚子"开始，嫁接乡村旅游与文化创意，不仅吸引了大批都市游客和消费者，更是建立了一条只属于马路村的柚子产业链，引来了大量的农业工人与产业技术人员，大大增添了村庄活力，成为"一村一品"的示范样板。

2. 越后妻有

乡村的发展可以像马路村一样"特立独行"，也可以是"组团协同"，发挥地理空间相近，产品特色互补的多个乡村各自的特色与优势，形成一个能量更大的"多村一品"或是"多村多品"的乡村群落。

越后妻有地区，地处日本新潟县南部，辖区内包括一市一村4镇，是一个相对稳定的乡村群落集聚区，在城市和乡村不断融合的大背景下，该地区倡导的全域联动发展的机制得到了发挥的空间，联合制定了以"艺术"为特色的乡村建设计划，又被称为"十日町地区理想乡村建设计划——建立越后妻有地区艺术圈构想"。该计划加快了城乡之间的要素流动，也增加了外界对于该地区的了解，让地方上的资源得到了高估值。组织举办的"大地艺术节"是重要的载体，利用连片的非建设空间和自然空间，打造全域景区化，实现自然要素的增值，拓宽了变现方式，使得全域6个市镇村形成一个发展联盟，而变得更加强大。根据不同群体对大地空间的需求，设置主体化艺术空间，利用自然作物、稻田、山林、河流、建筑甚至文化等要素，形成生态研讨、艺术剧场、大地公园等特色品牌产品，吸引都市人群在地化消费。自2000年第一届举办以来，"大地艺术节"的举办方式和规模不断优化，基本在每年的7—9月份进行，为期50天左右，带来数十万的游客和上百亿日元的经营收入，为地方乡村发展提供了强有力的流量支撑和财政保障。

此外，旅游业的发展还得到了上一级政府的大力支持，在基础设施完善和设备更新方面有了政策和财政的支撑，激发了保护自然环境的主观能动性。这些公共资源的提升，也同样让地方村民受益，提升乡村地区面貌，让"一村一品"的模式得到了充分的展现。